周裕锴禅学书系

禅宗语言研究入门

周裕锴 著

复旦大学出版社

　　周裕锴，1954年生，成都华阳人。文学博士，四川大学文新学院二级教授、博士生导师，中国俗文化研究所研究员。四川省学术与技术带头人，国务院特殊津贴获得者。任中国苏轼学会会长，韩国东方学会、中国宋代文学学会、中华诗教学会副会长，《文学遗产》、《中国诗学》、人大复印资料《古代近代文学研究》等刊编委。日本大阪大学客座研究员，台湾大学、东华大学客座教授。著有《中国禅宗与诗歌》《宋代诗学通论》《文字禅与宋代诗学》《禅宗语言》《中国古代阐释学研究》《宋僧惠洪行履著述编年总案》《法眼与诗心》《语言的张力》《梦幻与真如》等书，为《苏轼全集校注》三位主编之一。

目 录 ○

前 言 / 1

第一章 ○ 禅宗语言研究史概述 / 1

一、公案的评唱与禅语的注释:中日古代的禅语讨论 / 1
二、白话的意义与禅语的发现:现代中国禅语研究史 / 8
三、禅宗语言学和语言哲学:海峡两岸近三十年禅语研究 / 15
四、从宗教体验到文本解读:日本现代的禅语研究 / 39
五、后现代的异域眼光:欧美禅学中的语言学转向 / 52

第二章 ○ 研究的目的、方法和思路 / 60

一、值得警惕的陷阱和偏见 / 60
　（一）"禅宗"和"语言"的分离 / 60
　（二）词汇和语法的陷阱 / 64
　（三）《祖堂集》的话语霸权 / 66
　（四）"白话崇拜"的谬见 / 70
　（五）简单化的公案解读 / 72

二、知识储备与治学途径 / 74
　（一）基本知识储备 / 75
　（二）基本治学途径 / 80

三、跨学科的召唤与多元化的视野 / 83
　（一）跨学科的综合研究 / 83

（二）多元化的学术视野 / 86
　　（三）语用学维度的研究前景 / 90

第三章 ● 禅宗语言研究典范举例 / 95
　一、文化史视野下的语言观照 / 95
　二、解读禅宗著作的钥匙 / 99
　三、禅宗语言现象的基本介绍 / 101
　四、禅籍的普通语言学扫描 / 106
　五、禅籍语法的系统定量定性分析 / 110
　六、从语言与世界到存在与修辞 / 114
　七、语言的思想史意义探寻 / 119
　八、从句法修辞中理解禅的精神 / 123
　九、循语言逻辑以探思想脉络 / 126
　十、禅的语用法则的阐释 / 129

第四章 ● 参考文献 / 133
　一、禅宗典籍 / 133
　二、基本论著目录 / 145
　　1. 著作 / 145
　　2. 论文 / 148
　　3. 博士论文 / 158
　　4. 硕士论文 / 159
　三、进阶论著目录 / 160
　　1. 著作 / 160

2. 论文 / 164
（1）禅宗通论 / 164
（2）禅宗思想研究 / 168
（3）禅宗史研究 / 171
（4）禅宗与文学研究 / 173
（5）敦煌文献语言研究 / 177
（6）禅宗典籍整理研究 / 179
（7）汉译佛典语言研究 / 180
四、日文书目 / 182
　1. 著作 / 182
　2. 论文 / 187
　3. 书评 / 198
五、英文书目 / 199

后　记 / 206

重版说明 / 209

前　言

著名的丹麦语言学家杰斯帕森（O. Jesperson）曾经指出："宗教对英语的影响是不可低估的。"[①]在这里我们也要说："宗教对汉语的影响也同样是不可低估的。"正是从这个意义上说，开展禅宗语言研究，不仅有助于解读禅籍，领悟禅籍中蕴藏的宗教精神，而且对于汉语的词源学、语义学、语法学等都有重要的学术价值。然而，正如朱庆之教授所说，20世纪以前，"尽管主流文化受到了佛教的巨大影响，佛教文献及其语言并不被主流文化的世俗研究者所重视。因此，除了佛教界出于阅读理解佛典的需要而进行一些字音字义的研究外，佛教文献语言基本没有引起其他研究者的注意"[②]。这种状况在禅宗语言研究方面同样存在。

[①] O. Jesperson, *Growth and Structure of the English Language*, Doubleday & Company, Inc., 1955, p.252.
[②] 《佛典与汉语音韵研究——20世纪国内佛教汉语研究回顾之一》,《汉语史研究集刊》第二辑，巴蜀书社，2000年，第302页。

禅宗主张"不立文字",把语言文字看作"葛藤",不屑纠缠于其中。又公然宣称"教外别传",抛开经教的文本而传法。因此,在禅宗形成以来的一千多年里,禅宗内部很少有人敢正面肯定语言文字的价值,而关于禅宗语言的研究,也始终处于零星分散的状态。

然而,作为一种精神文化,禅宗的承传仍离不开其物质载体——语言符号。祖师的言行,无论是问答机锋、偈颂旨诀,还是扬眉瞬目、棒喝作势,都借语录和灯录的记载得以流传。更不用说这些言行被后世视为公案,一再被歌颂阐释,留下了更多的禅宗典籍。

禅宗语言研究属于汉语史研究的一个分支,但同时也可以说是佛教研究的一个分支。从时段上说,它大致处于中古汉语和近代汉语的过渡时期,具有俗语言的性质,但与一般俗语言相比,它又是一种独特的具有宗教性质的语言。禅宗典籍的主要形式是语录。语录虽很难说是真正的口语记录,但毕竟与传统的文言文有相当大的差异。另一方面,禅宗语录的言说方式比较奇特,主要是问答体,其中充满了宗教的隐喻,因此与一般世俗的白话也颇有不同。作为一种语言现象,禅宗语言当然与禅宗思想、禅宗史的研究有别;而作为一种宗教精神的载体,它又不同于敦煌俗语词、诗词曲俗语词。鉴于禅宗语言的这种边界不明的跨学科研究的状况,目前学术界尚未形成专门的学术范围和规则,因而从某种意义上说还有较大的发展空间。

就当前禅宗语言研究的目的来看,主要有如下几条:第一,为中古近代汉语提供语言学资料尤其是口语俗语资料,就这一点而言,它的意义绝不逊于敦煌俗语词、诗词曲语、小说白话;第二,为禅宗研究(包括禅宗思想和禅宗史研究)提供必要的语言学工具,为解读禅籍扫清语言的障碍;第三,为研读中古近世的文学典籍提供必要的语言学支持，如与变文、话本、戏曲、诗词相对读。

当然，我想禅宗语言研究还应有更多的目标，它或将有助于我们从史学角度对历史叙述的真实性再作思考，从哲学角度对语言与思维之间的关系再作认识，从宗教角度对经典文本的多元阐释再作观察，从文学角度对语言的象征和隐喻特征再作体验。总之，这是一个充满诱惑的新兴的学术领域，等待着我们去开垦耕耘。

在这本小册子里，我打算从四个方面给大家介绍一些禅宗语言研究的基本知识：其一，关于本领域的历史和现状，其中包括古今中外的学术史以及20世纪以来的研究概况；其二，反思已有研究中存在的问题，介绍一些从事研究的必备知识和学术规范，并提出一些开拓创新的思路和方法；其三，分析评点本领域中几种具有典范意义的研究著作和论文，介绍其采用的方法、思考和分析的模式；其四，提供与本领域研究相关参考文献，包括禅籍原典、基本研究论著目录和有助于扩大视野的进阶书目。

第一章 ● 禅宗语言研究史概述

一、公案的评唱与禅语的注释：中日古代的禅语讨论

我们知道，禅宗的传统中有一种激进的反语言主义的立场，然而，在北宋出现一股"文字禅"倾向，号称"不立文字"的禅宗，一变而为"不离文字"的禅宗。以汾阳善昭、雪窦重显、真净克文、清凉惠洪、圆悟克勤等人为代表，热衷于颂古、评唱及其他书写形式，热衷于"死句"、"活句"等语言表达与宗教实践之间的关系问题的探讨。其中尤以惠洪的观点最鲜明，不仅颠覆"棒喝峻烈"的反语言姿态，而且对抗"口耳授受"的反文字传统，公开为语言文字的合法性作辩护："然宗门旨要，虽即文字语言不可见，离文字语言亦安能见哉？"(《智证传》)"心之妙不可以语言传，而可以语言见。"(《石门文字禅》卷二十五《题让和尚传》)虽然著述宏富的惠洪始终处于禅门主流话语的边缘，但是他就像那指出"皇帝没穿衣

服"的孩子一样，得到禅门中不少明眼人的暗中赞同。事实上，所谓"不立文字"就是禅宗编织的关于皇帝新衣的谎话，因为语言文字一直是禅宗记载祖师言行、书写传宗神话的有力工具。所以，禅门里很早就有关于语言问题的种种探讨。

宋真宗时，汾阳善昭曾总结禅宗祖师的问答形式为十八问，包括请益问、呈解问、察辨问、投机问、偏僻问、心行问、探拔问、不会问、擎担问、置问、故问、借问、实问、假问、审问、征问、明问、默问等（见智昭编《人天眼目》卷二），注意到祖师公案中各种问答在性质和功能上的差异，不同的问题须用不同的方式和手段来对付，可以说已意识到唐代禅籍中言句的复杂性。善昭又创立用诗歌赞颂古德公案的颂古形式。其后宋仁宗时的雪窦重显更选择一百则公案，用不同的诗体作了一百首颂古。到了宋徽宗政和年间，圆悟克勤（1063—1135）编撰《碧岩录》，对重显所颂一百则公案予以评唱，从某种意义上说，可称得上最早的用"活句"解释禅宗语言的著作。虽然《碧岩录》并非专门探讨语言，但是其中关于禅宗语言特色的概括，如"绕路说禅"、"句中有眼"、"句里呈机，言中辨的"、"有言明无言底事，无言明有言底事"等，对禅宗语言的理解具有方法论的意义。也就是说，禅宗公案里的一些问答，不能用普通语言的常识去解释，而要超越于语言之上去体验领悟。此后金元间的《从容庵录》、《空谷集》、《虚堂集》等纷纷仿照其体例，形成禅宗阐释经典的独特言说方式。这些阐释公案的著作，大都不得不站在宗教的立场贬低语言的价值，但同时也进一步强化了禅宗"语中无语"的原则，这对于我们认识禅宗机锋有重要的参考价值。

南宋僧智昭的《人天眼目》则可看作是另一种意义上的禅语著作，这部书涉及禅宗五家的禅法和术语，比如临济宗的"四料拣"、"三玄三要"、"四宾主"、"四照用"、"汾阳四句"、"黄龙三关"，云门宗的"一字关"、"巴陵三句",曹洞宗的"五位君臣"、"三种渗漏",沩仰宗的"三种生"、"圆相因起"、"三照语",法眼宗的"华严六相义"、"三界惟心"、"万法惟识",等等。其中有些术语字面相同,而含义迥然有别,比如临济宗、云门宗都有"三句",临济宗、法眼宗都有"四料拣",意思并不一样。五家的禅法和术语,实际上反映了禅宗的思维方式和言说方式。因此如果要从宗教学的角度研究禅宗术语的话,那么《人天眼目》可以说提供了一些基本的材料和信息,或者说,提供了宋人对唐五代禅宗五家宗旨的理解。

从语源学的角度看,最早的关于禅宗语录词语的解说,可追溯到北宋末禅僧睦庵善卿编写的《祖庭事苑》。据释法英作的《祖庭事苑序》可以知道,善卿这部书最晚到大观二年(1108)已经完稿。法英还记录了善卿自述撰写《祖庭事苑》的原由:"曩游丛林,窃见大宗师升堂入室之外,复许学者记诵,所谓云门、雪窦诸家禅录出,众举之而为演说其缘,谓之请益。学者或得其土苴绪余,辄相传授。其间援引释教之因缘,儒书之事迹,往往不知其源流,而妄为臆说,岂特取笑识者,其误累后学为不浅鲜。卿因猎涉众经,遍询知识,或闻一缘,得一事,则录之于心,编之于简,而又求诸古录以较其是非。"这部书可称得上是中国最早的禅宗辞书。全书以辞书条目注解的形式,针对五代北宋禅师的十八种语录或著作中的阅读问题,共拈出二千四百余词条,校勘讹误的字形,讲解难懂的语义和难读的字音,并注明词语的典故出处。《祖庭事苑》解释的词条主要来自云门宗,如云门文偃、雪窦重显、天衣义怀的语录著作,八卷中占了六卷,也包括禅宗其他派别如临济宗的风穴延昭、法眼宗的清凉文益等人的语录。《祖庭事苑》的"事"字,意思是成语典故,即所谓"释教之因缘,儒书之事迹",其中包括大量佛教术语,尤其是禅宗的术语,如"摩竭掩室"、"毗耶杜口"、"迦叶"、"曹溪"、"教外别传"、"透法身"之类,也有不少儒书与其他"外典"中的典故,如"忘筌"、"囊颖"、"待兔"、"子期伯牙"、"对牛弹琴"之类。尤其值得重视的是,除了专门的术语和典故外,《祖庭事苑》还注解了大量的一般词语,其中包括方言词语,如"吉嘹"、"终诸"、"麁圙",等等。善卿在解释各宗师语录时,特别注意纠正原本的文字讹误,并致力于为原本文字注音,比如释"擗口"说:"上当作'劈',匹历切,破也。'擗'音闢,抚也,非义。"这部书对于初学者阅读禅宗典籍有辅助的作用,其内容为后来的《碧岩录》、《翻译名义集》、《禅苑蒙求》、《敕修百丈清规》以及日本无著道忠的《禅林象器笺》等书所征引。

明代崇祯年间,又有梁溪和尚大建为南宋净善所编《禅林宝训》作注,题曰《禅林宝训音义》,这是仿效《一切经音义》,表明大建为纠正禅门不学无术的风气,有意识采用了教门义解的立场。这是继善卿之后的又一次对禅籍语词的解说,不过,鉴于"音义"的对象为宋代禅师的笔头写作,而不是记言的语录,所以解释的词语多属书面文言,缺乏禅宗语言的特色。

由于在宋代禅宗流传到日本,成为中日共同的文化传统,所以禅宗语言研究早在数百年前就成了一门国际的学问。五山时期已有大量禅籍的抄录和刊刻,而到了江户时期,日本禅林出现一股博学的倾向,训释禅籍一时蔚然成风,如白隐禅师的《寒山诗阐提记闻》、廓门禅师的《注石门文字禅》,等等,而文献解读中自然涉及禅语的讨论。

与廓门同时代的无著道忠(1653—1745)无疑是日本对禅宗语言进行专门研究的第一人。这位禅僧一生的九十二年,几乎全部贡献给学术事业,好学不倦,著作等身。正如柳田圣山在《无著道忠的学术贡献》一文中所说:"他不仅仅是研究禅宗或江户时代临济宗妙心寺派教义的学者,甚而可以说是在整个佛教史乃至东方人文史上留下最大功绩的学者之一。他二百五十五部、八百七十三卷巨著的数量与质量就雄辩地证明了这一点。并且，他的学术成果，即使以当今世界性的东方学水准来衡量亦毫不逊色，其中甚至还含有今天的科学研究尚未涉足的领域。"① 由中日禅籍俗语言研究会主持的《俗语言研究》编辑部，更在无著道忠撰《盆云灵雨》的简介中宣称，现知无著的著作有三百七十四种九百一十一卷，并从语言学的角度对无著的成就予以高度赞赏："尤其是他对口语和谚语的解释令人折服，即使是在语言学研究取得大量成果的今日来看，道忠的着眼点和分析力依然精彩纷呈。"②

无著道忠的代表著作有《葛藤语笺》十卷、《禅林象器笺》二十卷、《百丈清规左觽》二十一卷、《虚堂录犁耕》三十卷、《五家正宗赞助桀》以及《盆云灵雨》二十卷，等等，汇集了《敕修百丈清规》、《临济录》、《虚堂录》、《大慧书》、《五家正宗赞》等七部书的研究成果的著作，并广泛涉及大量的其他佛典禅籍。无著沿用了睦庵善卿的语言训诂的立场，而在渊博和精致方面则远远超越了前人。其基本的方法，"这就是述而不作，通过追溯原典来解释禅录中含有的疑难语句。这种出典主义的方法，在解释俗语时，必须追溯到唐宋最典型的基础文献；牵涉到教义方面的术语，都要从经律论的大藏中找到根据"③。训释禅籍中俗语和禅的术语，不厌其烦地列举例证，探明出典，进而努力切合含有相关语句的原文的文脉。成书于宽保二年（1742）的《盆云灵雨》二十卷，用文献学严格的训诂方法，批评了前辈禅宗学者著述中的种种谬误，这包括契嵩的《正宗

---

① ［日］柳田圣山《无著道忠的学术贡献》，《俗语言研究》创刊号，禅籍俗语言研究会编，日本京都禅文化研究所印行，1994年2月。
② 《俗语言研究》编辑部整理《无著道忠撰〈盆云灵雨〉抄》，《俗语言研究》第4期，1997年9月。
③ 《无著道忠的学术贡献》。

论》、《辅教编》，惠洪的《林间录》，赞宁的《僧史略》，义楚的《释氏六帖》，道诚的《释氏要览》，法云的《翻译名义集》，刘谧的《三教平心论》以及《普灯录》、《五灯会元》、《佛祖统纪》、《云卧纪谈》等史书，尤其追究了《祖庭事苑》中的种种臆测妄说。比如《祖庭事苑》卷一解释《云门录》中的"摩竭掩室"一词说："梵云摩竭陀，此云文物国。掩室言世尊禅定于普光法堂也。《西域记》云：昔如来于摩竭陀国初成正觉，梵王建七宝堂，帝释建七宝座，佛坐其上，于七日中思惟是事，义同掩室也。"无著首先指出"《云门》语本于《肇论》，其《涅槃无名论》云'释迦掩室于摩竭，净名杜口于毗耶'"，进而指责"睦庵误援普光堂三七日思惟事，以证摩竭掩室。又自觉牵强，难消室字，乃撮《西域记》梵王建七宝堂来，欲成掩室，遂言义同掩室也。夫释迦掩室语，诸录比比在焉。自睦庵此解一出，莫不谬之为三七日思惟事"。无著接着指出："释迦掩室于摩竭者，本出《诸佛要集经》。"然后详引故事内容，最后下结论道："世尊见众生懈怠相，入石室隐形不说法，令生难遭之想也。非云初成道观树思惟事也。"《盋云灵雨》还训释了禅宗典籍中的俗谚，如卷十四解释"弟子去七尺，不蹈师影"，无著引用了四种戒律原文，来证明《法苑珠林》说法有误。总之，这部书对禅门通行的解释表示怀疑，注解中提供了参考用例并提出自己的见解，如《言行》、《纠缪解》、《订讹》、《语解》、《字解》等。

无著道忠的禅宗语言研究成果，更集中于《葛藤语笺》和《禅林象器笺》两部书中，特别是《葛藤语笺》，仅从其对汉语俗语言研究的贡献来看，就至少表现在以下三个方面。

第一，《语笺》首次将训诂的重点放到中古乃至近代汉语阶段的新词汇上来，这改变了中国传统训诂学重在先秦两汉"雅诂旧义"的状况。《祖庭事苑》中虽也注意到唐宋方言俗语词，但总体说来还是偏重于"释教之因缘"与"儒书之事迹",关注事类和典故较多。而《语笺》则训释了大量的禅宗俗语词,如"末上"、"抵死"、"落节"、"取性"、"分疏"、"懵儸"、"描邈"、"成褫"、"差事"、"脱空"、"捏怪"、"匹似"、"领略"、"周遮"、"卤莽"、"大小大"、"著精彩"、"赤骨历",等等,不胜枚举。

第二,《语笺》诠释的一些口语词或某些义项,中国大型语文辞书和专门辞书迄今概未收录。因而即使对现代的汉语词汇研究而言,仍具有填补空白的作用。这部分词条按其使用范围的广狭可分为两类:一是带有行话色彩的禅宗用语,如"乱统"、"竭斗"、"老臊胡"、"野盘僧"之类;一是比较通行的近代口语,如"合杀"、"消息"、"案山"之类。

第三,《语笺》对某些近代口语词的语源作了可贵的探索,其结论往往可纠正其他学者包括现代学者的缺失纰缪。如卷三《愚滞》释"脱卯"源于"凡仕宦者每日卯时入官衙书己名伺候,……若不画,则为脱卯,故凡事差错失检点,谚言脱卯也"。这比今人《水浒词典》所释源自"笋头卯眼"更为确切。再如卷二《心肢》释"毛病",引《虚堂报恩录》、《雪岩录》、《智度论》、《江湖集》,证明"毛病"来自佛典所言"毛窍之病",而非《汉语大词典》解释的"牲畜的毛色有缺陷"[①]。《语笺》在词汇学研究方面,已初具科学的方法,有很高的学术价值。

令人遗憾的是,在江户时期,日本禅宗仍然固守着密参秘传的传统,主张神秘玄虚的自证之悟。无著道忠的学术思路与此"胸襟之禅"格格不入,所以在禅门遭到排斥,很少有人知道他的学术成果。直到20世纪,著名的禅学家入矢义高、柳田圣山才赋予无著以

---

① 参见王锳《读〈葛藤语笺〉随札》,《俗语言研究》第2期。

崇高的学术地位。禅文化研究所重印了他的一系列著作,以飨广大学者,对禅籍俗语言的研究起了重要的推动作用。

二、白话的意义与禅语的发现:现代中国禅语研究史

中国传统的语言学领域向来没有禅宗语言的地位,要等到新文学的白话运动兴起后,新的科学研究方法从西方引进后,禅宗的古董才被翻拣出来。

现代学术史上首次注意到禅宗语录在中国语文变革方面的重要价值的是梁启超,他在《翻译文学与佛典》(1920年)中曾摘要式地描绘了佛典汉语与古典汉语之间在词法、句法乃至语体风格上的种种差别,论及汉译佛典对中国一般语言文学的三大业绩:一是"国语实质之扩大",二是"语法及文体之变化",三是"文学的情趣之发展"。在第二条谈到语法文体的变化时,梁启超特别指出:"自禅宗语录兴,宋儒效焉;实为中国文学界一大革命;然此殆可谓为翻译文学之直接产物也。"又特别指出禅宗语言的革命性:"翻译经典,虽力谢雕饰,然犹未敢径废雅言。禅宗之教,既以大刀阔斧,抉破尘藩;即其现于文字者,亦以极大胆的态度,掉臂游行。故纯粹的'语体文'完全成立。"① 这里所说的"语体文",也就是胡适等人提倡的"白话文"。

受到梁启超的影响,胡适在《白话文学史 上卷》(新月书店,1928年)里用两章的篇幅介绍《佛教的翻译文学》,并指出:"诸位大师用朴实平易的白话文体来翻译佛经,但求易晓,不加藻饰,遂造成一种文学新体。……佛寺禅门遂成为白话文与白话诗的重要发源

---

① 《翻译文学与佛典》,《梁任公近著》第一辑中卷,上海商务印书馆,1923年。

地。"因此在接下来《唐初的白话诗》一章里,他特别讨论了王梵志、寒山、拾得等佛教白话诗人的创作,认为唐初的白话诗以王梵志最为重要,其次是寒山、拾得和王绩。这条思路更导致了他研究禅宗经典的兴趣,1930年,他校订出版《神会和尚遗集》,认为《坛经》以敦煌本为最古本,主要为神会(少部分为门下)所作。一时引起激烈争论,而导致中国和日本学界的"《坛经》热"。胡适关于《坛经》真伪的考证,在学术史上关系重大,影响深远。尽管到目前为止,不少学者并不赞成他的结论,但这并不妨碍我们赞赏他全新的历史眼光、"比对"文献的科学考证方法以及注重新材料、新证据的精神。关于胡适研究《坛经》的动机,我想可能有两点:其一,《坛经》是禅宗的经典,也是白话文的经典,若要了解禅宗的历史,则必须弄清《坛经》的真相问题;其二,《坛经》的版本和传写者疑点甚多,正可作为"大胆假设,小心求证"的科学实证方法的样本。总之,胡适试图以白话新文学史观与历史语言的实证方法,沟通宗教、文学、语言的领域,打通国故和新知之间的壁垒,而他关于《坛经》的考证、佛典文学语言的论述、佛教白话诗的发现,对禅宗俗语言研究都起了开风气之先的作用。后来法国学者马伯乐发表了《晚唐几种语录中的白话》一文(《中国学报》第1卷第1期,1944年),显然就是承接了这一学术思路。

关于敦煌本《坛经》的讨论也引起史学家陈寅恪的兴趣,他在《禅宗六祖传法偈之分析》一文中[①],指出敦煌本《坛经》记录的慧能两首偈("菩提本无树,明镜亦非台。佛性常清净,何处有尘埃"与"心是菩提树,身为明镜台。明镜本清净,何处染尘埃")有比喻不适当和意义不完备两大缺失。菩提树本为永久坚牢之宝树,佛祖

---

① 陈寅恪《禅宗六祖传法偈之分析》,《清华学报》第7卷第2期,1932年6月;收入《现代佛教学术丛刊》第1册,台北大乘文化出版社,1976年。

在此树下成正觉,不能比喻变灭无常的肉身。后一首偈开头两句的"心"、"身"两字被书写者弄颠倒了,应作"身是菩提树,心为明镜台"。根据修辞通例,偈文必须身心对举,言身则为树,分析皆空;心则如镜,光明普照。今偈文只讲到心的方面,身只用了一个比喻作开头,缺少下文,因此文意不完备。陈寅恪从语言修辞的角度指出敦煌本《坛经》的问题,颇有新意。

除了白话与新文体之外,禅宗言说方式的独特价值也被现代学者发掘出来。在1937年至1946年间,哲学家冯友兰完成其名著《贞元六书》,其中《新知言》(商务印书馆,1946年)第九章《禅宗的方法》,从哲学的角度讨论了禅宗用"负底方法"阐说形而上真理的特点,这就是所谓"遮诠"的方法,即从反面作否定的方法。他有个形象的比喻:好比画月亮,用线条在白纸上画一个圆圈,这是表诠的画法;而在纸上涂些颜料或泼些水墨以作云彩,中间露一个白圆块,烘云托月,这用的就是遮诠。冯友兰这一观点直抉出禅宗论道方法的精髓,可称得上是从语言哲学方面研究禅宗的一个重大关节,促使我们思考禅宗神秘玄虚的言辞后所蕴藏的哲学意义。

此外,富有诗人气质的学者则发现了禅语的活泼情趣。1947年至1948年间,顾随在北平《世间解》月刊上发表系列文章,集为《揣龠录》(收入《顾随说禅》,广西人民出版社,2005年)。这些文章正如禅宗活泼的语录体一样,短小精粹,富有智慧。其中如《不可说》谈到文殊师利之说与维摩诘之默,点明"以言语显那不可言语的"。又如《不是不是》戏说"说尽道理,咳嗽不已;咳嗽不已,说尽道理"的禅机。又如《南无阿弥陀佛》引西洋文人之说:"没有'否'(No)的语言,是没有力量的语言。"由此申说:"因为一种语言中,倘若没有了'否',则便只剩下'是';而只有'是'的语言则只有因袭和保守,而更不会有革新与创造了。"其实,这都是用充满诗意的笔调从另外的侧面揭示出禅语"负底方法"的言说特点。

与此同时，朱自清1948年在《世间解》第7期上发表了著名的《禅家的语言》一文。此文虽然短小，却很有眼光。朱自清也像顾随一样，特别留意于禅宗的言说方式，但他的分析却多了几分学理，少了几分闪烁其词的机锋。而与冯友兰相比，他更关心禅语形而下的修辞特征，比如拈出《古尊宿语录》中百丈怀海禅师的一段话："世间譬喻是顺喻，不了义教是顺喻。了义教是逆喻，舍头目髓脑是逆喻，如今不爱佛菩提等法是逆喻。"由此断定禅宗的言说方式主要是"逆喻"，并从否定语言和活用语言的两个层次来探讨了种种禅问答的原理。朱文有两点新的地方：一是从禅宗独特的语言观来看待禅宗的活泼语言；二是从语法和修辞层面注意到禅宗惯用的否定句式——逆喻。就这一点而言，朱文事实上已把禅宗语言与世俗的口语白话区别开来，注意到它活泼形式中的宗教特性。

禅籍白话的口语性质也受到语言学家的青睐，吕叔湘最早从汉语语法角度来讨论禅籍语言现象，在《释〈景德传灯录〉中"在"、"著"二助词》一文中①，他分析了《景德传灯录》语气助词"在"字的五组用例，认为诸例"皆申言之辞，以祛疑树信为用"，其所表语气大致"与今语'呢'字相当"。又指出用在句末的"著"字，其语气为"宣达发言者之意志，而尤以加诸彼方，以影响其行为为其主要作用"。此后，用语言学家的眼光来看待禅宗语言的还有高名凯，他在《燕京学报》第34期（1948年）发表《唐代禅家语录所见的语法成分》一文，进一步开启了禅籍语法研究的新局面。

禅宗语言研究的另一个机缘是20世纪初敦煌宝窟的发现与敦煌文

---

① 《释〈景德传灯录〉中"在"、"著"二助词》，《华西大学中国文化研究所集刊》第3期，1941年。收入《吕叔湘文集》第2卷《汉语语法文集》，商务印书馆，1990年。

献的整理。白话新文学的领军人物很快在敦煌文献中找到了白话文学的源头，王梵志诗、变文成了胡适、郑振铎诸君新编文学史的宠儿之一。新文学白话运动对语言学界的影响，与文学界的情况类似，更多地体现在戏曲小说和敦煌变文方面的词汇研究上面。比如50年代先后出版两本重要著作，张相的《诗词曲语辞汇释》（上海中华书局，1953年）和蒋礼鸿的《敦煌变文字义通释》（北京中华书局，1959年），正是新文学运动重视民间白话的精神在语言学研究方面的时代折光。

这两部著作虽然不以禅宗语言为训释对象，但是在唐宋俗语词研究方面却与禅籍俗语言有千丝万缕的联系。这是因为这两部书中所训释的词语，有相当大一部分可在禅籍中找到类似的例句。比如张相释"巴鼻"，蒋礼鸿释"末上"，都早在无著道忠《葛藤语笺》里就已有精当的解说。从另一方面说，这两部书对于禅宗语言研究有极为重要的参考价值。

张相撰《诗词曲语辞汇释》一书，费时近二十年。本书正如其书名所示，是分析解释诗词曲所见语辞的意义和用法的著作。诗以唐诗为主，兼及宋诗；词以宋词为主，兼及金元词；曲则以金元曲为主，兼及明曲。其所谓"语辞"，据作者说明，重点是那些"字面生涩而义晦，及字面普通而义别"的"特殊语辞"。意思普通且并无歧解的语辞，则不予论列。作者在叙言中称，本书主要取径于清代刘淇的《助字辨略》和王引之的《经传释词》。分别来说，本书从研究对象上继承了刘氏助词研究的分野，这就是突破乾嘉考据学专攻先秦两汉经传的拘囿，重在考辨唐宋韵文中的助字，并从诗词助字推而广之至戏曲助字；从研究方法上，本书则主要继承了王氏及"清代诸训诂大师所启示"的考据原则。《汇释》所解说的韵文语辞大多为唐宋以来的新鲜口语，或由此而派生的语词。本书首次明确含义并为学界所承认的词语不在少数，作为例句引用的诗词中订正旧说、另出新解的词语也相当多。除了词汇学方面的贡献外，本书作为语法和语义学方面的成果，也可以说开拓了从中世到近世中国语言研究史的一个新生面。当然，由于张相在具体操作中往往把词语的含义分得过为琐碎，缺乏分析的统一性，给人一种见木不见林之感。因而也出现不少训诂、注解、用例的选择等方面的谬误和缺失，以及体例安排、语辞标示等方面的不当。

随着50年代对文学遗产中的"民间形式"的关心，有关变文和歌曲资料的整理一下子变得活跃起来。敦煌所出的变文，由人民文学出版社结集为《敦煌变文集》出版（1957年），所收"变文"凡七十八篇[①]。而蒋礼鸿的《敦煌变文字义通释》正是利用《敦煌变文集》一书所提供的资料，对唐五代的口语词汇作了专门的研究。蒋氏在序目中提出，研究古代语言，应该从纵横两方面做起：纵的方面就是联系各个时代的语言来看它们的继承、发展和异同；横的方面就是研究一代的语言。蒋氏认为，张相的《诗词曲语辞汇释》在纵的方面有所展延，而在横的方面仍嫌狭窄。而《敦煌变文字义通释》则力图弥补这一缺陷，不仅仍注意语言的历史继承，更致力于同时代的各种语言材料的贯通。如考察变文中的口语词汇的含义，既与唐五代的敦煌曲子词、诗歌以及敦煌文献之外的小说笔记相印证，又与前面的魏晋与后面的宋元语言材料相联系。相对而言，"通释"之"通"，主要在于横的同时代语言材料的融会贯通，而在纵的历代语言贯通方面稍显单薄。

《敦煌变文字义通释》初版时仅仅是八十八页的小册子，但在几

[①] 当然，正如美国学者梅维恒（Victor H. Mair）所说，称这些作品为"俗文"（popular literature）可能比称"变文"更恰当，日本学者入矢义高也认为此书虽名曰"变文集"，但从内容方面来说，却是敦煌写本中有关俗文学资料的集成。不过，中国学术界已习惯于以"变文"这一称呼去代替敦煌文献中除歌辞之外的其他俗文学作品。

乎从未开拓过的中世语言的语汇学、乃至语言史方面的研究上，蒋礼鸿的这种新探索不容低估。事实上，《敦煌变文集》虽由六位专家校订，但其中的抄录、校勘、断句的错误比比皆是，任二北的《敦煌曲校录》和《敦煌曲初探》里的校订也大致如此。这些错误发生的最大原因，正是学界对中世口语的研究相当薄弱。蒋氏自称，本书是"归纳整理变文材料，以期窥探唐五代口语词义的一个尝试"。在书中，他引用了唐诗、小说、笔记、词曲甚至史书中的材料，屡次订正了《敦煌变文集》中的误字、误校以及断句错误，有不少字义的归纳相当成功。尤其值得注意的是，《通释》所释"字义"并非仅局限于"助字"、"语辞"，而是涉及唐五代口语的各种词语，包括"称谓"、"容体"、"名物"、"事为"、"情貌"、"虚字"等六类，涉及代词、名词、动词、形容词、副词、助词，等等。然而，由于是初次尝试，本书也存在一些牵强臆断的情况，有的是轻率地引用先秦两汉的古书来作口语的例证，有的则是将变文中的词语与宋以后的词语及用法简单对比。此外，本书的引证范围漏掉了唐宋禅家语录的材料，这不能不说是一种遗憾。

《敦煌变文字义通释》问世后，在学界引起较大反响，为几处书评、介绍所举。其中包括《中国文学报》第十一册（1959年）上发表的日本学者入矢义高《蒋礼鸿〈敦煌变文字义通释〉》。初版后不到一年的时间，增订本问世。蒋氏在"重版后记"里谈到收词的界限问题，一方面仍保留初版中遭受批评的"半文半白的词"，另一方面放宽尺度收进了一些常见的口语，包括名物的称呼。日本极东书店《书报》1960年6月号，发表了波多野太郎的《增订版〈敦煌变文字义通释〉读后》。随后，蒋氏采纳了徐复和波多野太郎的意见，于是在1961年第三版修订本印行。此后，孜孜不倦的增订工作一直伴随着蒋氏的后半生，至1988年9月的第四次增订本（第五版），《通释》已扩充为正文近六百页的皇皇巨著。增订后的著作考证更加精当,引用材料范围更广博,也补充了少量《景德传灯录》等禅籍的用例。可以说,增订本《通释》算得上是研究唐五代俗语词的经典著作,要进行禅宗语言研究,本书具有重要的参考价值。

令人遗憾的是,尽管禅宗语言早在20世纪初就已进入新文化人的视野,并有了很好的学术起点,不过,众所周知,从20世纪50年代到70年代末,由于受到政治意识形态的影响,国内禅宗研究基本处于一种沉寂状态,禅语研究也不例外。唯一值得一提的是钱钟书的《管锥编》(中华书局,1979年),这部集作者数十年心得的巨著中涉及不少禅宗语言问题,据张美兰《禅宗语言概论》附录《钱钟书〈管锥编〉有关禅宗语言论述辑录》的统计,《管锥编》引用《六祖大师法宝坛经》、《五灯会元》、《大慧语录》、《林间录》等材料不下八十处。其中有"阐释禅宗话头公案意象之源"的,如以《五灯会元》天衣义怀禅师公案"芭蕉闻雷开,还有耳么?葵色随日转,还有眼么"比拟《毛诗正义·行露》"谁谓雀无角"、"谁谓鼠无牙",并且指出"禅人之机锋犹词客之狡狯"。又有"阐释禅宗词语之源"的,如引《焦氏易林》"胡言连謇"以证《五灯会元》隆庆庆闲章、太平慧懃章的"胡言汉语",并指出"胡言汉语谓取无义理语反复参究"。还有"引用禅宗语言阐释义理"的,如引《坛经》慧能诲其徒众"出语尽双"以喻仕宦之依违"两端"(double think, double talk)。如果沿着钱氏论禅宗话头的思路举一反三,可以发现不少关于禅宗语言与文学、哲学、社会学之关系的课题。

三、禅宗语言学和语言哲学:海峡两岸近三十年禅语研究

从80年代开始,中国内地先后出现敦煌学热和禅学热,借此东

风,真正具有现代学科意识的禅宗语言研究应运而生。

众所周知,敦煌文书里包含大量佛教的内容,无论是变文、歌辞,还是王梵志诗,有关佛教的作品占了半数以上,此外还有为数不少的禅宗语录。这些作品中相当一部分甚至被学术界直接称之为"敦煌禅籍"。比如,敦煌本《坛经》自发现以来,既是敦煌学界关注的对象,也是禅学界研究的热门。换句话说,敦煌学与禅学研究的领域,具有相当多的交叉关系,语言研究同样如此。正如衣川贤次所说:"讲经文自不待言,敦煌变文与王梵志诗中也有许多关系到佛教与禅的内容。因此与禅文献共通的语汇也很多,迄今发表的语汇考证论文也经常加以引证。"① 然而,在敦煌文书的早期整理者中,佛教知识的储备并不充分,"不知佛教典故、不通佛教义理、不明佛教观念、不谙佛教用语"实为学者通病②。张锡厚的《王梵志诗校辑》(中华书局,1983年)、任半塘的《敦煌歌辞总编》(上海古籍出版社,1987年)在校勘质量上颇有瑕疵,就与此有关。

纠正这种现象而将敦煌文书整理推向高峰的首推项楚的研究。项氏具有深厚的国学根柢,熟读佛经和四部典籍,精于校勘考据,擅长融会贯通,在研究中熔语言、文学、宗教于一炉,形成了独具的治学特色。自20世纪80年代中叶起,他相继推出关于敦煌文学研究的一系列重要论文和著作。他的研究成果先后汇集成《敦煌变文选注》(巴蜀书社,1990年)、《敦煌文学丛考》(上海古籍出版社,1991年)、《王梵志诗校注》(上海古籍出版社,1991年)、《敦煌诗歌导论》(新文丰出版公司,1993年)、《敦煌歌辞总编匡补》(新文

---

① [日]衣川贤次《评〈禅宗著作词语汇释〉》,何迂译,《古籍整理出版情况简报》第268期,1993年3月20日。
② 项楚《〈敦煌歌辞总编〉佛教歌辞匡补举例》,《柱马屋存稿》,商务印书馆,2003年,第1页。

丰出版公司,1995年)。这些著述的旁征博引和精辟见解广受学界推崇,正如日本学者中原健二评价《王梵志诗校注》所说:"读者会为本书引用的大量文献所折服。尤其是作者自如地引用了佛教经典、《太平广记》乃至以变文为主的敦煌文献而且又皆中鹄的,不能不使人为作者的广收博引而瞠目结舌。"[①]从语言学的角度看,项氏开创了系统而大量地运用佛教文献进行中古汉语词汇研究的先河,而其中征引大量禅籍语言材料以解决敦煌文献整理的争端,如引禅宗偈颂证明王梵志诗中的他人作品,事实上也为禅宗语言研究提供了良好的典范。

项楚的研究成果中,与禅宗语言关系更为密切的是《寒山诗注》(中华书局,2000年)。寒山诗长期流行于禅宗丛林,成为谈禅说道的"话头",日本禅师多有诠解,是禅宗语言研究的重要材料之一。项氏这本书对日本各古注本的错误作了大量的匡正,注释详明丰赡,通过对生词僻典和佛家语的推源溯流式的考释,揭示出寒山诗思想内容、艺术风格、文化意蕴的承传流变。本书对禅宗语言研究有两点启示:一是从社会语言学的角度切入,探寻禅籍俗语词中的社会学语源;二是从宗教语言学的角度切入,探寻禅籍俗语词中的宗教学背景。相对而言,日本禅师的诠解对寒山诗的社会内容缺乏了解,中国学者的诠解对其宗教内容略显隔膜,项氏的注解则较圆满地解决了这一问题。

值得一提的还有项楚的《〈五灯会元〉点校献疑三百例》(1987年)和《〈五灯会元〉点校献疑续补一百例》(1990年)两篇文章[②]。在对佛学前辈苏渊雷点校的《五灯会元》的批评中,项氏再次显示

---

① [日]中原健二《评项楚〈王梵志诗校注〉》,刘建译,《俗语言研究》第3期,1996年6月。
② 收入项楚《柱马屋存稿》,商务印书馆,2003年。

了渊博的佛学知识和超人的考证功夫。尽管这两篇文章讨论的只是《五灯会元》的标点断句问题,但由于其中引证了不少佛教和禅宗的知识,特别是禅籍互证,对于正确理解禅宗惯用的词语、语法、修辞都大有裨益,并在一定程度上揭示了禅语的特点。

此外,郭在贻、张涌泉、黄征等学者在继承蒋礼鸿敦煌变文语词研究的基础上,合作撰写了《敦煌变文集校议》一书[①],解决了不少变文校注中存在着的疑难语言问题。

与敦煌学同时勃兴的还有禅学,这是社会影响面更大、学术研究成果更多的领域。关于这股来势劲猛、持续时间久的禅学热的状况,可参见黄夏年《禅宗研究一百年》一文的详细介绍[②]。禅宗问题受到广泛关注,因而禅宗语言也逐渐成为近代汉语史研究的一个热点,同时禅宗的言说方式问题,也得到研究思维科学、哲学以及文学的学者的青睐。比如李泽厚在《漫述庄禅》一文里,就表现出对禅宗否定语言的思维方式的极大兴趣,指出禅宗把"日常语言的多义性、不确定性、含混性作了充分的展开和运用,而且也使得禅宗的语言和传道非常主观任意,完全不符合日常的逻辑和一般的规范"(《中国社会科学》1985年第1期)。

不过,在整个80年代,禅宗语言研究尚处于积累期,关于禅宗语言的讨论还主要是一些单篇论文,如蒋绍愚、曹广顺、袁宾等人关于《祖堂集》、《五灯会元》等部分禅籍词语和语法的辨析,大都是词汇、语法的个案研究。关于禅宗言说方式的讨论也还显得零散和简约,缺乏系统。

就词汇研究而言,迄至80年代中期,语言学者仍主要利用诗词、变文和笔记小说作为研治唐宋口语词的基本语料,对于数量庞大的

---

① 《郭在贻文集》第2卷《敦煌变文集校议》,中华书局,2002年。
② 黄夏年《禅宗研究一百年》,《中国禅学》第1卷,中华书局,2002年。

禅宗语录远未给予足够的重视,这不能不说是一个遗憾。正如郭在贻在当时所说:"近年来出了不少有关俗语词的论著,这是好事。但也有美中不足之处,就是大家目光所及,总不外乎古代的俗文学作品,诸如变文、通俗小说、戏曲之类,而很少注意到一个新的领域,即汉译佛经和禅宗语录。殊不知这正是俗语词的渊薮,是一块未开垦的处女地,是大可以驰骋我们的学力和才气的。"① 在语法研究方面,禅宗语录大致面临同样的状况。

而进入90年代后,这一切有了很大改观,不仅更多的禅宗词语和语法现象得到深入的探讨,禅宗的思维和语言的关系受到更多的重视,而且在大量个案积累的基础上,出现了一些初具体系的禅宗语言研究专著,并初步奠定了禅宗语言研究的三个主要方向,即词汇学方向、语法学方向、语言哲学方向。

禅宗词汇学方向较早取得成果的是袁宾的研究,他先是在一系列论文的基础上结集出版《禅宗著作词语汇释》一书(江苏古籍出版社,1990年)。如果说项楚利用佛经和语录考释敦煌变文、歌辞中的俗语词取得了卓越的成就的话,那么袁宾这部书则直接对禅宗著作本身的俗语词进行了系统的研究,填补了禅宗词汇研究的空白。本书收释唐宋时代禅宗著作里的词语共三百余条,以口语词为主,也包括一部分常见的带有口语色彩的行业语。郭在贻在《〈禅宗著作词语汇释〉序》中对这部书高度评价,认为它与《敦煌变文字义通释》一样,比较好地做到了求证、溯源、祛惑、通文四个程序,如旁征博引文献一百四十三种,内容涉及汉译佛经、禅宗语录、宋儒语录、笔记小说、通俗白话小说、诗词曲、史书、字书、韵书,等等,既有本证,也有旁证;穷源溯流,探究了不少俗语词的语源;

---

① 《俗语词研究概述(上)》,《语文导报》1985年第9期。

祛除前人谬见,如纠正《五灯会元》、《敦煌变文集》标点校记的错误;并用考释的结论提供了通畅解读禅宗著作的钥匙。当然,日本学者衣川贤次并不同意这样的看法,他在《评〈禅宗著作词语汇释〉》一文中,指出本书在资料选择和理解方面的问题,特别批评了作者不懂禅宗知识而望文生义的错误,认为在求证、溯源、祛惑、通文四个程序的"工作粗疏到难以设想"[①]。平心而论,袁宾这部书在开拓禅宗词汇研究方面自有其贡献,大部分解释都较精当,而其少量考证的粗疏也是事实。

在接下来的几年里,袁宾又主持编撰了《禅宗词典》(湖北人民出版社,1994年)。这是中国内地当时唯一一部禅宗方面的专门工具书,它收录中国禅宗文献里的重要或常见词语包括术语、行业语、典故语、成语、口语词、俗谚语,兼收重要的中国禅宗人物、寺院、塔、山和典籍,词目共6 400余条。正文后列词目首字拼音索引、公案典故词目索引、人物词目索引、寺塔山词目索引、典籍词目索引等,还附录禅宗研究论文及著作目录。由于这本书属于初创,因而在编排体例、收录标准、词义解释方面还颇有值得商榷之处。

值得一提的还有袁宾以"于谷"的笔名出版的《禅宗语言和文献》(江西人民出版社,1995年),这本书虽然是普及性的读物,但却比较系统地论述了禅宗语言方面的主要问题,比如禅宗语言观的历史变化、禅宗的语言实践、禅宗的口语词和口语语法,其中对禅宗口语中的同源词语和同行词语的讨论都富有启示意义。本书从社会语言学的角度提出"同行语法"的概念以解释禅宗语法现象,也颇有新意。本书最后把禅宗语言研究和文献整理结合起来,指出不明口语和同行的词义和语法是造成禅籍标点错误的重要原因,这一

---

① [日]衣川贤次《评〈禅宗著作词语汇释〉》,何迁译,《古籍整理出版情况简报》第268期,1993年3月20日。

结论在此前项楚《〈五灯会元〉点校献疑三百例》和《续补一百例》中已得到证明。

与此同时，在各语言学专业杂志以及文科学报中，也出现不少考释禅籍俗语词的文章，尤以《俗语言研究》刊载最为集中。如董志翘《〈五灯会元〉词语考释》（《中国语文》1990年第1期）、吕幼夫《〈祖堂集〉词语选释》（《辽宁大学学报》1992年第2期）、段观宋《〈五灯会元〉俗语言词选释》（《俗语言研究》创刊号，1994年）、刘凯鸣《〈五灯会元〉词语补释》（《俗语言研究》创刊号）、徐建《〈五灯会元〉词语释义》（《俗语言研究》第2期，1995年）、滕志贤《〈五灯会元〉词语考释》（《俗语言研究》第2期）、冯春田《说〈祖堂集〉、〈景德传灯录〉"作麽（生）"与"怎麽（生）"之类词语》（《俗语言研究》第2期），等等，不胜枚举。以前张相《诗词曲语辞汇释》与蒋礼鸿《敦煌变文字义通释》所未收录或考释有误的词语，得到更广泛深入的探讨。

禅宗语法学方向的研究也在90年代中期取得初步成果。有不少论文探讨了《祖堂集》、《五灯会元》等禅籍的语法现象，张美兰的研究大体从这个方向切入，虽然她的著作名为《禅宗语言概论》（五南图书出版公司，1998年），但最有独创性的部分却是禅语的词法和句法的讨论。她分析了禅语词构成的特点，包括常见的词缀、动量词、动词的叠用、动词的"A不A"式、形容词AABB重叠式，以及疑问代词、疑问副词、疑问语气词等，同时论述了禅语的句式，包括否定句、否定的动补结构、正说反说交叉回环的三句式、疑问句式、特殊疑问句型、一字语、绕路说禅句型、数字语、祈使句式，最后还列举了禅宗语言的修辞，如夸张、呼告、语象、隐语、比喻、谐音、借义，等等。当然，这部书在第一章也概述了禅宗语言的一些基本性质和特点，不过从整体上来看，它在语法研究上更具系统性。正如于谷的《禅宗语言和文献》一样,由于属于初创之作,张氏这部书也常常是点到即止,缺乏进一步深入讨论。不过,后来她的《〈祖堂集〉语法研究》却是一部很有分量的著作,在禅宗单书语法研究方面做得很扎实。

长期以来,研究禅宗思想史的学者和研究禅籍俗语词的学者基本处于互相隔绝不相往来的状态。但随着禅学界学术视野的拓宽,不少学者意识到这种隔绝状况对于禅宗思想和禅籍语言二者的深入研究是不利的。邢东风的《禅宗语言问题在禅宗研究中的位置》(《俗语言研究》第3期,1996年)一文首先提出禅宗研究和语言研究相结合的思路。邢文站在宗教学研究的立场,批评了禅宗研究中只注重思想意蕴的把握而忽视文献解读中的语言问题的弊病,同时也通过对于谷《禅宗语言和文献》一书的评点,指出了语言学者因不明禅宗宗教实践而导致的对禅宗语言问题理解的局限。

循着这条思路,周裕锴的《禅宗语言》(浙江人民出版社,1999年初版)力图从语言哲学的角度把禅宗的语言研究和宗教研究结合起来。他的博士论文《文字禅与宋代诗学》(高等教育出版社,1998年初版)已有专章讨论到禅宗语言观的历史演变,并有专节考证宋代诗学术语中的禅学语源,分析禅籍俗语言对宋诗的启示和渗透。而在《禅宗语言》这部书中,他更有意识打通禅宗思想研究和语言研究之间的界限,从宗教、哲学、历史、语言、文学等多角度切入。本书上编部分对禅宗的语言观和语言运用实践进行历时性考察,指出禅宗的语言观经历了一个从"不立文字"到"不离文字"再到"不立文字"的演变过程,禅宗的语言实践也经历了从规范化到不规范化再到规范化的变化过程,而这些过程都受到禅宗的宗教实践变化和世俗文化整合的影响;本书的下编部分对禅宗语言进行共时性的分析,指出禅宗的语言具有象征性、隐晦性、乖谬性、游戏性、通俗性、递创性、随机性等特征。这本书着重利用话语理论，解释了禅宗语言中的各种复杂现象，将具体的语言问题上升到哲学层面，这对于建构禅宗语言研究的体系有较大的启示意义。

在《试论禅宗语言的乖谬性及其宗教意义》(《新国学》第1卷，巴蜀书社，1999年) 一文中，周裕锴重申了禅宗有意利用背离常规的语言来达到宗教目的的观点。后来，他又进一步在《习禅：见月亡指——中国佛教阐释学》中指出，禅宗试图超越佛教其他义学教派的文本阐释（Text-Hermeneutics）而直接进入本体阐释（Onto-Hermeneutics），禅宗在对待"第一义"的本体阐释时，常常采用这样几种模式：(1)"即事而真"的模式；(2)"遮诠"的模式；(3)"无义语"的模式；(4)"格外句"的模式；(5)"反语"的模式。他发现"正是因为他们（指禅师们）煞费苦心地尝试用反常的言说方式来解构语言，反而极大地挖掘出语言的各种表意潜能"[①]。这种阐释学思路也算是禅宗语言哲学研究的新尝试。

在禅宗语言哲学研究方面，葛兆光也有过精彩的论述。他的《语言与意义——九至十世纪禅思想史的一个侧面》一文[②]，从各种文献记载的沩仰、临济、曹洞、云门、法眼五宗禅师语言中，察觉到佛教知识、思想与信仰世界有一个深刻的"语言学转向"（the linguistic turn）。他注意到，在经典中的书面语言被日常生活语言所替代、继而被变异和扭曲的语言所替代、并转向机智巧喻的艺术语言的表象下，体现了语言从承载意义的符号变成意义、从传递真理

---

① 周裕锴《习禅：见月亡指——中国仏教解释学研究》，[日]土屋太祐译，《東洋文化》第83号，東京大学東洋文化研究所，2003年3月。参见周裕锴《中国古代阐释学研究》第四章第三节，上海人民出版社，2003年，第188—204页。
② 葛兆光《语言与意义——九至十世纪禅思想史的一个侧面》，收入郑志明主编《两岸当代禅学论文集》(上)，南华大学宗教文化研究中心，2000年；又见葛兆光《中国思想史——七世纪至十九世纪中国的知识、思想与信仰》，复旦大学出版社，2000年。

的工具变成真理本身的深层思想。大乘佛教关于真理并不是在语言中的传统思路，转变为对语言本身的兴趣，而在看似暴虐、怪异、矛盾、充满机锋以及有意误解的对话的话语中，凸显着更深刻直接的真理。葛氏指出，一方面不少禅师精通佛教经典，使用语言文字；但另一方面，他们的语言文字完全不同于传统佛教的倡导转读和章句注疏那样，即形式本身没有意义。禅师们意识到，要使语言文字本身成为意义，就必须使语言文字有异于日常语言，于是他们创造了"自相矛盾"、"有意误读"、"答非所问"等各种"活句"，而这些"活句"的意义正是试图用语言本身瓦解人们对语言的习惯性执著，打破人们对理智、对分别、对名相的真实性的执迷，从而超越语言中的历史与理性。葛氏进一步分析道，这种语言既有凸显真理的时候，也有遮蔽意义的时候。遮蔽来自很多机智和风趣的对话，在后世变为供人模仿的"公案"，失去了它对常识世界和理性话语的超越性和批判性。当然，葛氏对于"公案"语言的指责和忽视未免有失偏颇，这可能与禅学研究中重视早期禅宗价值的传统思路相关，因为有一个不容忽视的事实是，他引用的五宗禅师们的创造性的"活句"，其资料多来自宋代禅师的整理编纂。不过，他对五宗禅语的哲学意义的阐释却是相当深刻的。葛兆光的学术随笔《门外谈禅》（浙江文艺出版社，1991年）中，如《禅家语言》谈到，用"说为不说"取代"不说为说"，禅师有三般手段：一曰"声东击西"，二曰"将计就计"，三曰"以诗代答"，讨论了禅宗不涉理路、不落言诠的语言技巧。

此外，90年代以来还有一些论文涉及禅宗的语言哲学问题，比如陈晓龙、王长华《不可"言说"的"嘱告"：禅宗语言哲学一议》（《河北师院学报》1995年第3期），鲍鹏山《语言之外的终极肯定——谈禅宗的语言观》（《江淮论坛》1995年第4期），张育英《谈禅宗语言的模糊性》（《苏州大学学报》1995年第3期），唐仁、江源《禅宗、策略、负形而上学方法及话语游戏》（《太原师专学报》1995年第1期），邢东风《禅的可说与不可说：兼谈现代禅学研究的方法问题》（《哲学研究》1996年第1期），王向峰《论儒、道、佛禅的言语观》（《文艺研究》1996年第5期），陈海叶《禅宗与维特根斯坦语言哲学的语用诠释》（《四川大学学报》2007年第1期），等等，所提出的问题和得出的结论虽有深有浅，但都有一些可供参考的思路，显示出一种创新的渴求。不过，我们也会发现，对禅宗语言比较有问题意识和诠释意味的研究，往往生硬地把禅的语言观移植到现代西方语言哲学，特别是维特根斯坦和海德格尔等人的哲学体系中去进行"洋格义"。倘若能处理好西方语言哲学和禅宗具体历史语境的关系，用化合而非拼合的方法去融会贯通，那么这条思路还有相当广阔的前景。

当然，还有若干关于禅宗术语概念的阐释的论著，也与禅宗语言研究有间接关系，其中尤其值得注意的是禅宗术语在美学、诗学方面含义的讨论，这包括所谓"以禅喻诗"的解说。严羽《沧浪诗话》中的"妙悟"二字最受学者青睐，众说纷纭，阐释与再阐释，生发出很多新解。"兴趣"、"别材别趣"、"不落言筌"等术语也备受关注。不过，从语言学角度来探讨诗禅关系的研究并不多见。其实，如果不从宗教语源学、语义学方面弄懂基本禅宗术语的话，恐怕诗学和美学方面的探究多少有点隔靴搔痒。比如，倘若不了解大慧宗杲（妙喜）语录中"妙悟"的意思，就很难说清严羽的观点；倘若不对比"别传"与"别材别趣"之"别"字的意义，也很难体会"以禅喻诗"的妙处；倘若疏忽禅宗"不立文字"的苦心，也就很难准确理解什么叫"以文字为诗"。比较注意诗禅语言方面的一致性的论文，有以下几篇可以参考，如胡遂的《说"遮诠"——禅宗与诗话理论探讨之五》（《中国文学研究》1994年第2期），张节末的《法眼、"目前"

和"隔"与"不隔"》(《文艺研究》2000年第3期),周裕锴《绕路说禅:从禅的诠释到诗的表达》(《文艺研究》2000年第3期)、《以俗为雅:禅籍俗语言对宋诗的渗透与启示》(《四川大学学报》2000年第3期)。其中周裕锴的《宋代诗学术语的禅学语源(一、二)》(《文艺理论研究》1998年第6期、2000年第4期)讨论了"反常合道"、"句中有眼"、"点铁成金"、"夺胎"、"换骨"、"待境而生"、"中的"、"识取关捩"、"饱参"、"遍参"等近二十个从禅籍借用而来的术语,这种探讨使得宋诗话的理论阐发有了训诂学的依据。

张伯伟《禅与诗学》(浙江人民出版社,1992年)是讨论诗禅关系的一部颇有分量的书,其中关于沩仰宗的"势"与晚唐诗格中的术语、宋诗话中的禅宗话头、宋代论诗诗与禅宗偈颂形式上的对应、禅宗思维方式与诗歌意象批评等考索,多有创见,较好地揭示了禅宗语言形式和思维方式对诗歌的影响。周裕锴《中国禅宗与诗歌》(上海人民出版社,1992年初版)在讨论禅与诗的关系时,特别提到禅宗公案影响到宋诗"机智的语言选择",并比较了禅与诗相通的内在机制之一,即"语言表达的非逻辑性"。这些观点可引起我们对禅宗语言的诗性特点的进一步思考。

另外,受到若干书评好评的吴言生禅学三书《禅宗思想渊源》、《禅宗哲学象征》、《禅宗诗歌境界》(中华书局,2001年),也有关涉禅宗语言的意见。方立天在序言中称赞三书有三个显著特色:一是理性分析与悟性透入并重,文学与哲学圆融;二是重视对禅宗思想、哲学、诗歌主要文本的研究;三是尝试建立较为完整的阐释体系。这个评价大致不差,在当时汉语语境的禅学著作中,禅学三书是颇有代表性的。作者认为,禅宗在表达"不可说"的本心时,采取的不是定势语言,而是诗意的象征,由此形成禅宗表征本心的特殊的"能指"。作者分别从哲学内蕴和诗学象征的角度把禅宗境界表述为

"一切现成的现量境"、"能所俱泯的直觉境"、"涵容互摄的圆融境"、"随缘任运的日用境"以及"触目菩提的现量境"、"水月相忘的直觉境"、"珠光交映的圆融境"、"饥餐困眠的日用境",都有相当深入的见解。但禅学三书也存在这样的问题,就像土屋太祐批评有些禅宗思想史著作那样,一是"用禅宗的语言解释禅宗的思想,形成一种同义反复";二是"我们看不出这些思想出现的思想史背景"①。

在中国禅宗语言研究兴起和发展的过程中,有两个事件值得大书特书:一是中日禅籍俗语言研究会的成立以及《俗语言研究》的创刊;二是《祖堂集》一书的重新发现以及在国内的出版印行。

先说第一件事。1992年,日本京都禅文化研究所芳泽胜弘、花园大学衣川贤次与中国学者董志翘商讨成立禅籍俗语言研究会,并通过《禅籍俗语言研究会报》向中国学者发出倡议,到1993年为止,已得到中国五十四所大学和研究机构百余人的热烈响应。作为中日双方研究者的学术交流园地,《俗语言研究》杂志于1993年12月正式创刊,并于1994年2月正式印行。此后,《俗语言研究》每年一期,分别由中日学者负责编辑。到1998年,杂志共出版了五期,发表了中日学者论文、书评、札记近百篇,其中包括中国著名学者蒋礼鸿、项楚以及日本著名学者入矢义高、柳田圣山的大作。这一学风严谨的杂志设立了"论文"、"书评"、"讨论天地"、"交流园地"、"卷末资料"等栏目。论文涉及《六祖坛经》、《祖堂集》、《景德传灯录》、《五灯会元》等禅籍的语言问题。在"讨论天地"一栏下又分"问题讨论"和"待质事项",提出一系列难以理解的禅籍俗语词进行讨论,如"闹蓝"、"蚕口"、"婆"、"幸自可怜生"、"落带手不长"、"般次"、"打"、"席帽"、"东壁打西壁"、"看楼打楼"、"心造"、"吃

---

① [日]土屋太祐《北宋禅宗思想及其渊源》,巴蜀书社,2008年。

沉底"、"不可事须"、"大曾"、"稍曾"、"谙瞻"、"询奂"、"围达"、"围拷"等,来稿各抒己见,问题得到充分讨论。《俗语言研究》虽由禅籍俗语言研究会发起,但在先后五期中还发表了相当数量的敦煌文献俗语词乃至汉译佛典的语言问题研究方面的文章。如方一新《敦煌变文校读札记》、段观宋《〈敦煌歌辞总编〉校订补正》、汪维辉《〈敦煌变文集〉校读散记》、王继如《敦煌疑语寻绎》《敦煌疑字寻解》、曾良《敦煌文献词语杂考》以及辛岛静志《汉译佛典的语言研究》,等等。除了来自语言学界的研究者外,该杂志还吸引了宗教、文学等领域学者的注意,就中国方面而言,孙昌武《"句中有眼"与"诗眼"》、周裕锴《宋代诗学术语的禅学语源》,从文学接受的角度论及禅语的影响,前举邢东风的文章则从宗教研究的角度反思了禅语研究的局限。特别是其中一些很有分量的书评和商榷文章,起到了指出研究思路、提供研究方法、树立学术规范、倡导学术批评的良好作用。比如入矢义高评张相《诗词曲语辞汇释》、蒋礼鸿《敦煌变文字义通释》、中原健二评项楚《王梵志诗校注》、汪维辉评志村良治《中国中世语法史研究》,均能实事求是,指瑕补阙。而刘瑞明在《禅籍词语校释的再讨论》一文中,指出入矢义高释"麻三斤"为"一件袈裟"、"与佛同参"的说法矛盾牵强,并列举禅籍中类似材料"蒲花柳絮,竹针麻线"、"如麻似粟"、"麻缠纸裹"等,认为"麻三斤"意指乱麻一堆。这种商榷也很有见地。因此,尽管《俗语言研究》只出了五期,而它的影响却颇为深远,真正达到了中日禅籍语言研究学术交流的目的。

再说第二件关于《祖堂集》的事。1912年日本学者关野贞、小野玄妙从韩国所藏高丽版《大藏经》藏外版的补版中发现《祖堂集》,此后引起海外学者尤其是日本学者的关注,并展开了考察和研究。但直至80年代初,才有少部分中国学者得到从日本传来的《祖堂集》及柳田圣山所编索引。1985年,刘坚在《近代汉语读本》中首次辑选了《祖堂集》中语录的片段。接下来几年,《中国语文》先后发表了蒋绍愚的《〈祖堂集〉词语试释》(1985年第2期)、曹广顺《〈祖堂集〉中的"底(地)""却(了)""著"》(1986年第3期)、袁宾《〈祖堂集〉被字句研究》(1989年第1期)。鉴于《中国语文》的权威性和影响力,《祖堂集》得到越来越多语言学者的青睐。从90年代开始,《祖堂集》先后被海内外几家出版社编选、影印或整理出版,如1990年,商务印书馆出版刘坚、蒋绍愚主编《近代汉语语法资料汇编·唐五代卷》,其中点校《祖堂集》部分章节;1994年,上海古籍出版社影印日本花园大学图书馆藏高丽覆刻本《祖堂集》;同年,日本禅文化研究所"基本典籍丛刊"影印大字本《祖堂集》并配索引;台湾《禅藏(十六)》收入点校本《祖堂集》;1996年,岳麓书社出版吴福祥、顾之川点校《祖堂集》;同年,台湾佛光山宗务委员会印行葛兆光释译精选白话版《祖堂集》;2001年,中州古籍出版社出版张华点校的《祖堂集》简体字本;2008年,中华书局出版孙昌武、[日]衣川贤次、[日]西口芳男点校本《祖堂集》。与此相对应,语言学界也涌现出一大批关于《祖堂集》语言现象研究的成果。除去在《中国语文》、《古汉语研究》、《俗语言研究》、《语文研究》、《汉语史学报》以及大学学报上发表的数十篇论文之外,从本世纪初开始,还陆续出版了《祖堂集》语言研究的专著,如张美兰的《〈祖堂集〉语法研究》(商务印书馆,2003年)、谭伟的《〈祖堂集〉文献语言研究》(巴蜀书社,2005年)、林新年的《〈祖堂集〉的动态助词研究》(上海三联书店,2006年)、于涛的《〈祖堂集〉祈使句研究》(中国国际文化出版社,2008年)等。还有个现象值得注意,即《祖堂集》语言研究成为硕士、博士论文的热门选题之一。如上海师范大学袁宾指导的博士论文有温振兴的《〈祖堂集〉助词研究》(2006年)、鞠彩萍的《〈祖堂集〉谓语动词研究》(2006年)、詹绪左的《〈祖堂集〉词语研究》(2006年)、田春来的《〈祖堂集〉介词研究》(2007年),硕士论文有梅轶洁的《〈祖堂集〉数词的语法研究》(2005年)、李福唐的《〈祖堂集〉介词研究》(2005年)、齐焕美的《〈祖堂集〉词缀研究》(2006年)、叶松华的《〈祖堂集〉量词研究》(2006年)、余溢文的《〈祖堂集〉代词研究》(2007年),等等,都致力于《祖堂集》的语法探讨。甚至田春来的博士论文与李福唐的硕士论文连题目都完全一样。四川大学则有雷汉卿指导的四篇硕士论文,如林玲《〈祖堂集〉新词新义研究》、陈健《〈祖堂集〉俗谚研究》、李艳琴《〈祖堂集〉〈五灯会元〉校读》、徐琳《〈祖堂集〉称谓词语研究》等,涉及词汇和修辞的问题。

说到学位论文,这里可谈谈四川大学中国俗文化研究所在培养有关禅宗语言研究方面人才的情况。自20世纪90年代以来,这个研究所先后有张勇《傅大士研究》(1996年)、周裕锴《文字禅与宋代诗学》(1997年)、谭伟《庞居士研究》(2000年)、祁伟《佛教山居诗研究》(2007年)、土屋太祐《北宋禅宗思想及其渊源》(2007年)等博士论文涉及禅宗语言问题。此外,近几年来更有专门研究禅籍语言的硕士论文,如林丽《禅宗语言中的比喻研究》(2003年)、李涛贤《禅宗俗谚初探》(2003年)、肖兰萍《唐宋禅宗语录特指问句研究》(2003年)等。与此同时,俗文化研究所承担了教育部项目"禅籍俗语言研究",由董志翘、雷汉卿、蒋宗福、张勇等学者主持,共包括"禅籍俗谚研究"、"禅籍口语词汇研究"、"禅籍口语语法研究"、"禅籍修辞研究"等四个子课题。其后,谭伟又申请到国家社科基金"唐五代禅宗语言研究"。

这些学者的研究成果近年来纷纷问世,其中论文如张勇(子开)

《中国禅宗白话诗的源头》(《新国学》第4卷,巴蜀书社,2002年)、《初唐后50年间的禅宗白话诗》(《五台山研究》2002年第3期)、《敦煌本〈六祖坛经〉的修辞》(《敦煌研究》2003年第1期)、《敦煌佛教文献中的白话诗》(《宗教学研究》2003年第4期),蒋宗福《敦煌文献词语札记》(《古汉语研究》2002年第1期)、《敦煌禅宗文献词语刳记》(《新世纪敦煌学论集》,巴蜀书社,2003年)、《敦煌禅宗文献校读札记》(《中国俗文化研究》第1辑,巴蜀书社,2003年),雷汉卿《禅籍口语同义词略说》(《中国俗文化研究》第1辑)、《禅籍俗语词札记》(《江西社会科学》2004年第2期)、《禅籍词语考释》(合著,《宗教学研究》2006年第1期)、《禅籍词语选释》(《语言科学》2006年第4期)、《禅籍词语选释》(合著,《天水师范学院学报》2005年第6期)、《禅籍词语选释》(《汉语史研究集刊》第8辑)、谭伟《〈庞居士语录〉校读札记》(《古汉语研究》2001年第2期)、《〈祖堂集〉字词考释》(《南京师范大学文学院学报》2003年第1期)、《〈祖堂集〉语词考释》(《汉语史研究集刊》第7辑),周裕锴《禅籍俗谚管窥》(《江西社会科学》2004年第2期)等。除了在禅语词汇考释方面继续深入之外,又开拓了禅宗修辞学的研究。

专著则有谭伟的《〈祖堂集〉文献语言研究》,项楚等人的《唐代白话诗派研究》(巴蜀书社,2005年)。谭著利用语言学知识纠正岳麓本、中州本《祖堂集》标点断句错误多条,辨释了三百多个俗别字,考释了一百多个词语。项著则以语言风格为标识,除了王梵志、寒山诗外,还对禅宗白话诗作了全面的论述。该书认为,从内容上看,自慧能开创禅宗南宗以后,以通俗语言写说的禅宗诗偈成为唐代白话诗派的主流;从思想上看,唐代白话诗派基本上是一个佛教诗派,与佛教的深刻联系形成了这个诗派的基本特征。本书极大地扩展了胡适《白话文学史》中的相关内容,对唐代白话僧诗的语言研究颇有参考价值。

在上述学者的研究中，有两篇文章的观点和方法值得一提。一篇是张勇的《唐五代禅宗的修习典籍——以敦煌写本〈六祖坛经〉为考察范围》（《普门学报》第10期），专门考察了敦煌《坛经》引用佛典的情况，以之确认慧能一代修习佛典的情况，并与荷泽神会一系僧人修习的佛典作比较，通过认识禅宗僧人们修习典籍的历史，来把握禅宗发展的历程。从"引用"这一语言现象来发掘其宗教学方面的意义，这个研究角度很有启发性。另一篇是谭伟的《从用典看禅宗语言的复杂性》（《汉语史研究集刊》第9辑），从《祖堂集》这部公认的白话禅籍里考释了若干例用典的情况，提醒学者注意禅宗语言的复杂性，即一是因为禅宗为中印文化相融合的产物，必须注意其印度佛教背景；二是因为禅宗是世俗化、大众化、平民化的宗教，因此必须注意世俗文化的背景。谭文指出这样一个事实：即使是《祖堂集》这样所谓的白话禅籍，也呈现出佛典、世俗典故、白话、文言交织的情况。

综上所述，四川大学学者坚持语言与文献相结合的治学传统，形成一个富有特色的禅宗语言研究的重要团队。

相对说来，中国内地近三十年来的禅宗语言研究主要走的是历史文献考察的传统治学道路，相信"训诂明而后义理明"这一乾嘉汉学方式的价值信念，与日本学术界的交流更强化了这种信念。其间虽也有学者关注到禅宗语言哲学问题，但对传统价值信念缺乏应有的反思，不少学者的历史观和方法论仍然停留在包裹着现代学术外衣的乾嘉考据学或者说胡适的科学实证方法的观念之上。因此，禅宗语言研究虽然在为汉语史提供语料和例证方面取得很大实绩，虽然不像泛滥于学林的长篇累牍的常识性复述的禅学著作那样空疏匮乏，但因囿于文献考证和字词训诂的传统思路，所以仍显得比较沉闷而且陈旧,导致研究的相对平面化,对禅宗语言的本质认识和禅籍语言的系统解读仍存在着不少的空白和误区。

近几年来,历史语言的价值信念遭到来自受西方后现代学术思潮影响的青年学者龚隽的挑战。在先后发表了《欧美禅学的写作——一种方法论立场的分析》(《中国禅学》第3卷)、《念佛禅——一种思想史的读解》(《普门学报》第7期)、《作为思想史的禅学写作——以汉语语境禅学研究为中心的方法论考察》(《佛学研究中心学报》第5期)、《唐宋佛教史传中的禅师想像——比较僧传与灯录有关禅师传的书写》(《佛学研究中心学报》第10期)等一系列文章之后,龚隽出版了《禅史钩沉:以问题为中心的思想史论述》(生活·读书·新知三联书店,2006年)一书。这本书"对于国内外禅史与禅学理论方法的许多批评和评论,显示出作者相当广阔的理论视野和理论自觉"(葛兆光语)。因此尽管他针对的是那种"在缺乏方法追问和批判的前提下进行的"禅学研究,批评的是"循持传统形成的某种特定的知识类型和言说方式,囚禁在业已成习的惯性思考中"的禅学思想史的写作,但对于"汉语语境"下的沉闷的禅宗语言研究同样具有针砭作用。事实上,龚隽在这本书里提出了不少关于禅宗语言哲学的精彩见解,比如在"导论"里他就引用宋僧惠洪"入就"与"出就"的概念,来探讨禅思想研究中"可说"和"不可说"的问题,涉及禅语录中独特的语义学分析问题。在论中国禅的"反智主义"时,特别拈出楞伽禅所传的"藉教悟宗",称其"在第二义或方便的意义上为后世禅者会通经教或文字的合理性提供了空间",这对于学者思考与重视禅籍中的汉译佛典语言是有启示意义的。此外,如探究《肇论》用老、庄、玄"格义"是一种"寄名谈实"、"名同实异"的转借,语词虽有关联,而意义却有断裂。如论经师和禅师对待经典的不同态度,前者对于意义和经典表诠的关联很感兴趣,后者的

"藉教悟宗"、"方便通经"更主要是借经典来"做事",取得合法性支持。龚隽还用专章讨论"宋代'文字禅'的语言世界"(第七章),对口传与书写、死句与活句、禅诗与隐喻等问题作了较深入的探究。尤为值得一读的是,该书中介绍了大量的西方禅学家关于禅思想史的论述,其中有不少涉及禅宗语言问题,颇有参考价值。葛兆光认为该书的"新见解对于相对比较沉闷的佛教学界,会有一定的冲击力量";林镇国评价该书的出版"将标志着汉语学界禅学研究新阶段的到来"①,大致是中肯的。不过,该书如果在征引汉语文献方面多采用第一手资料,引用更加严谨,那么也许将会更具有学术冲击力。

台湾学术界的禅宗语言研究则另有特色。

与内地相比,台湾学术界的禅宗研究未曾中断,几位对禅宗公案深有心得的学者,对其语言形式与其宗教思想之间的关系提出各自的看法。如巴壶天的《禅骨诗心集》(东大图书公司,1988年),虽然这不是一本系统的学术著作,但由于作者学养厚实,对禅学深有心得,因此在论禅语的特征时,往往能一针见血。他认为,禅的自性是绝对的本体,是不可言说、不可思议的,只能用一种直觉的方法。要表现自性,不得不使用具有象征性的比兴法。基于这种看法,他总结出公案语言具有"双关性"、"象征性"、"否定性"、"层次性"、"可取代性"等五种特性。其中如以"语意学"(即语义学)的对象语言(Object Language)和后设语言(Meta Language)的概念来与禅宗语言的层次作对比,以及将沉默与姿势动作等看作和语言的功能一样能表达思想,都很有深意。

也有学者认为透过禅宗公案的矛盾语、诡论,还是可以看出其内在理性。如杨惠南在《禅史与禅思》(东大图书公司,1995年)一

---

① 葛、林二氏评语见《禅史钩沉:以问题为中心的思想史论述》一书封底。

书中总结出禅宗公案表达内心所体悟的真理的三种方式：(1)用"矛盾"的语句和动作；(2)用"不可说"的语句或动作；(3)"矛盾"或"不可说"的语句或动作交互混用。针对铃木大拙等人以为公案试图"指出一种超越语言与逻辑的真理"的看法，杨惠南特别指出禅宗的另一个思想传统，即"般若"（空）思想。因此相当多的公案不是在阐述"佛性"的真理，而是在阐述"般若"的思想。它们的"不可说"，并不是日常语言的缺陷或逻辑的限制，而是因为它们所要指称的事物是不存在的——"空"的。公案的"不可说"中并没有超越语言与逻辑的神秘真理，而是经过反省和修正后的常识与推理，即不存在的东西是无法描述的。

台湾学界有关禅宗与文学关系的研究，开风气之先者首推杜松柏，他的博士论文《禅学与唐宋诗学》（黎明文化公司，1976年），是海峡两岸最早论述唐宋诗学与禅学的专著。这本书通过对不少禅宗偈颂的考察，总结出公案表达方式"以诗喻禅"的传统。其后黄景进的《严羽及其诗论之研究》（文史哲出版社，1986年）较深入地探讨了宋代诗人严羽《沧浪诗话》中的"妙悟"、"兴趣"、"别材别趣"等若干术语和概念的含义。蔡荣婷的博士论文《唐代诗人与佛教关系之研究——兼论唐诗中的佛教语汇意象》（政治大学，1992年），初步试用佛学理论和语言分析来探讨唐诗。其后她在撰写禅宗牧牛诗、渔父词的系列论文时，进一步探究了诗的形式、意象、表现手法等跟语言相关的东西。她的《〈祖堂集〉禅宗诗偈研究》（文津出版社，2004年）更辟专章论述"《祖堂集》禅宗诗偈的表现与传播"，不仅讨论了禅宗关于语言文字与第一义的关系的基本概念，而且分析总结了诗偈问答的四种模式以及主要修辞手法。如果能在语言分析上再深入一步的话，这方面应该还有相当的拓展空间。

相对而言，台湾学者从普通语言学的角度来进行禅宗语言研究则起步稍晚,尤其是禅宗词汇的研究相对薄弱。不过,近十多年来也悄然兴起一股热潮,中正大学竺家宁倡导并主持佛经口语词汇研究,出版了《佛经语言初探》(橡树林文化,2005年)这样饶有趣味的语言学著作,同时与之相关的禅宗文献语言也得到重视。他所理解的佛经语料库,不仅仅是从东汉到三国到南北朝的翻译佛经,也包涵了唐代到宋代的禅宗语录资料[1]。在竺家宁指导的一批硕博士论文中,出现了《〈六祖坛经〉句法研究》、《〈景德传灯录〉疑问句研究》、《〈祖堂集〉的助动词研究》等涉及禅籍的题目,其中周碧香的博士论文《〈祖堂集〉句法研究:以六项句式为主》2004年由佛光山文教基金会出版。正如内地的情况一样,台湾的禅籍专书语言研究,也以《祖堂集》为注目的重点,如文化大学宋寅圣《〈祖堂集〉虚词研究》(1996年)、台湾师范大学王锦慧《敦煌变文与〈祖堂集〉疑问句比较研究》(1997年)、政治大学张皓得《〈祖堂集〉否定词之逻辑与语义研究》(1998年)等博士论文,都是如此。当然,也有些硕士论文涉及更多的唐宋禅籍,兹不赘述。

也许正由于禅宗词汇研究相对薄弱,因而台湾学者便少了些文献考证、文字训诂传统的沉重包袱,对新方法新观点表现出更强烈的兴趣。其中最值得关注的是政治大学中文系欧阳宜璋的博士论文《赵州公案语言的模棱性研究》(2001年)。此论文以赵州"无"字公案为起点,由相关公案渐次推论赵州公案语言的整体模棱性。其研究方法以系统功能语法的分析为主,就赵州及相关禅师的语录作同时的分析及历史的考察:前者包括语篇(text/discourse,指话语和篇章结构)中的主述位推移、问答结构、衔接方式与修辞策略等语言现象;后者则由历代公案转相诠释的角度着手,对赵州公案语言的

---

[1] 竺家宁《论佛经语言的研究方法和台湾目前的研究概况》,http://www.wretch.cc/blog/ccn2006。

模棱特质进行辅助观察。论文借用系统功能语法中的语篇功能分析的方法，套用了巴赫汀（亦译为巴赫金）等人的语言学理论，从语言符号的角度对这桩公案作出了异于传统的解读。其中虽然稍显得生硬，但体现出一种渴望方法创新的开拓精神。这篇博士论文的基本观点也见于作者后来发表的《"赵州无"的语言符号解读》（《普门学报》第14期，2003年3月）一文。当然，若是这种对西方理论的借用能避免"格义"套用的嫌疑的话，应该会更有发展前途。其实，欧阳宜璋此前的硕士论文《〈碧岩集〉的语言风格研究——以构词法为中心》（圆明出版社，1994年）就显示出与一般词汇学、语法学研究不同的思路，其方法乃自结构语言学的横向构词分析着手，进而扩展到纵向的禅宗传承问题。论文分析了《碧岩集》中的排比对偶、隐喻象征、示现倒反等修辞现象，以及示众、著语、评唱等文体在不同语境下的词汇语法风格，最终揭示出禅门宗风与语言之间的关系。

在《六祖坛经》研究方面，台湾学者也尝试用新的理论来审视批判传统的历史语言考据的价值信念。比如蔡彦仁《口语宗教经典及其诠释问题——以〈六祖坛经〉为例》（《通识教育》第4卷第3期，1997年9月）一文，首先反对在历来《坛经》研究中以实证考据的手段来代替把握宗教经典的目的、混淆"文本"（text）与"宗教经典"（scripture）的做法。该文认为"宗教经典"尤其是类似《坛经》这样的"口语宗教经典"，实际上代表了一个复杂的宗教现象，是一个或多个信仰社群在特殊的历史情境下，感受不同的宗教体验，经历相当的时间后，凝塑而成。因而如果要真正了解《坛经》，就应该顺其历史源流而下，考察其口授缘起、多元传布、增衍、诠释、正典化过程等重要议题，探讨信仰者、经典、历史情境三者的积极互动关系，方能更有深度地彰显"口语宗教经典"的实质意义。

何照清《〈坛经〉研究方法的反省与拓展——从〈坛经〉的版本考证谈起》（《中国禅学》第2卷）一文，也与内地学者龚隽的历史文化批判相呼应，站在新文化史的立场，对《坛经》研究中长盛不衰的追求古本原貌、醉心于文献考证的"还原主义"理想提出质疑，主张从"还原"到"多元"，这就是或以口述历史的研究方法探讨《坛经》这种"口语经典"的特性，或从宗教性的立场探讨《坛经》这种"宗教经典"语言的隐语性质，或是从语用学的角度去了解《坛经》语言使用的情境及语言在"行事"方面的意义，或是依宗教诠释学的观点，站在解释者的立场把不同版本的《坛经》理解为对于原本《坛经》的解读的历史。这种看法值得研究者思考。

前面提到竺家宁的佛典语言研究，在此我们还应该介绍一下台湾"中央大学"的万金川，他关于汉译佛经语言的研究，汇集成《佛典研究的语言学转向》（正观出版社，2005年）一书，提出不少新的观点和想法，与北京大学的朱庆之南北呼应，不仅为佛教汉语研究开辟了新路，而且对于禅宗语言研究具有方法论的启迪。顺便说，朱庆之的博士论文《佛典与中古汉语词汇研究》（台北文津出版社，1992年）早就呼吁加强汉译佛典的语言研究，但长期以来，除了李维琦、梁晓虹、俞理明、颜洽茂、徐时仪等几位学者曾致力于此之外，响应者寥寥，这的确是很遗憾的事。其实，禅宗语录中有不少词语来自汉译佛典，如果不明白这些词的出处，而只当成禅宗"特殊"的语言来处理，恐怕并不恰当。

此外，香港学者也对禅宗语言问题发表过很好的意见，如专门从事分析哲学研究的冯耀明在《禅超越语言和逻辑吗——从分析哲学观点看铃木大拙的禅论》（《当代》第69期，1992年1月）一文中，尖锐批评了铃木用以自傲的禅是超语言、非逻辑的个人体验的观点。他指出，铃木混淆了禅和禅学的概念，作为一种功夫的禅是超语言逻辑的,但作为功夫论的禅学却不能回避语言逻辑的分析。由此他用分析哲学严密的逻辑推理驳斥了铃木大拙禅论的混乱,厘清了学术研究和宗教实践之间的界限。而霍韬晦的《禅的语言——兼与维根斯坦的语言哲学比较》(《禅学研究》第6辑,2006年)一文,则站在宗教的立场论述了禅的语言与日常语言相区别的独特用法。虽然他承认维根斯坦"语言的意义就是它的用法"的观点,但却强调禅的语言不是日常语言,它不是沟通,不是传递,而是开启、教示。他通过比较禅语法则与维根斯坦的语言学之思想,系统阐述了禅语"没有法则的法则"的两难特征,进而分析了这种特征对禅宗思想的影响。我们发现,在提出一系列有独创见解的论述之后,作者最终没能逃脱铃木式的宗教性陷阱,以玄虚含混的"活杀自在"作为搪塞一切语言追问的盾牌。

近三十年在中国才逐渐兴起的用语言文献学的方法来研究禅宗典籍的热潮,从国际学术视野来看,不能不说是一种"误期的现代性现象"(belated modernity)[①],但对于研究者来说,这种"误期"未必不是一件好事:一是意味着这个研究领域还有够多的有待"现代性"开发的处女地;二是意味着后发的研究者可以借鉴其他领域的先行者"现代性"的成功方法和经验;三是还有若干超越"现代性"的"后现代性"的思路和方法可供借鉴。

四、从宗教体验到文本解读:日本现代的禅语研究

日本现代的禅宗语言研究是从另一个传统中嬗变而来的。事实上,直到20世纪前半叶,日本禅宗仍是"胸襟之禅"的天下,江户

---

① 参见林镇国《空性与现代性》,立绪文化事业有限公司,1999年,第175页。

时代无著道忠的学术成果,两百多年来几乎无人问津,就是这种风气的体现。以铃木大拙为代表的禅学家强调禅的宗教性,力图证明禅是一种超时间的个人的宗教体验。这种宗教性倾向导致早年日本禅学从总体上呈现出忽视包括文献语言解读在内的基础性研究的局面。当然,这并不意味着铃木完全不顾语言,只不过他分析语言的结果是对语言的否定,文字的诠释最终是为了说明逻辑的无效,"体绝百非,理超四句"。这种将言句置于直觉体验之下的做法,对于理解禅宗语录中一大批"矛盾语"应该说有一定的道理,但对于禅宗语言研究来说却主要起了阻碍的作用。

50年代初胡适与铃木大拙的论争,是一个饶有趣味的事件。早在1930年,胡适就发表了《神会和尚遗集》,利用敦煌出土文献中的早期材料,批判了宋代和尚对禅史的妄改和伪造,叙述了新的唐代禅宗史,从而在某种意义上开辟了禅学近代化的道路。这种历史主义的态度显然和日本禅宗的宗教性格格不入。1953年,胡适和铃木同时在夏威夷大学《东西哲学》杂志上发表论文,展开了激烈的争论。胡适在《中国禅宗:其历史与方法》(Ch'an [Zen] Buddhism in China: Its History and Method)一文中认为,"禅宗的运动,是中国佛教史不可或缺的一部分,而中国佛教史则是一般中国思想史不可或缺的部分",他主张,只有把禅放到它的历史背景中去,才能做到正确理解,并对铃木及其弟子们非历史和反历史的观点感到失望。而铃木大拙则在《禅:答胡适》(Zen: A Reply to Hu Shih)一文中反驳,认为由于智性关乎语言文字与观念,因此仅从智性分析是不能解释禅的,禅不能通过主客体分离的理性来掌握,不能成为历史研究的对象。

这场争论无疑促使了日本禅学界的反思。著名禅学家柳田圣山的研究就多少受到胡适方法论的影响,尽管其观点和结论与胡适并不相同。柳田在1967年出版了《初期禅宗史书的研究》，他指出，历史研究固然要重视古老的资料，但在宗教方面的文献中，同时存在史实与传说，因而研究者既要警惕以传说为史实的错误，也要反省把传说当作虚构而弃之不顾的愚蠢做法。于是，柳田致力于初期禅宗史料的研究，刻意弄清各种资料的性质，并在此过程中还原初期禅宗史的本来面目。不仅如此，柳田还注意到五代北宋禅宗史料的价值，先后发表《〈祖堂集〉的资料价值》(1953年)、《〈祖堂集〉的本文研究》(1964年)等论文，追索版本源流，考校资料价值，探讨本文内容。在他的指导下，1972年，京都中文出版社据京都花园大学图书馆藏书影印了《祖堂集》。稍后，京都大学人文科学研究所出版了他所编的《祖堂集索引》(1980—1984年)。此外，柳田还指导京都大学"禅の文化"研究班作了《禅林僧宝传译注》(京都大学人文科学研究所，1988年)。这种历史研究的方法，是对日本传统禅宗史研究的一大突破。更重要的是，柳田对禅宗史书的关注，倡导阅读禅宗典籍，客观上促进了日本禅宗语言研究的兴起。因为对于日本学者来说，禅宗典籍并非用母语写成的文献，其中涉及具体语词的理解、翻译与解释的问题。特别是禅宗语录中的口语，更易使日本学者感到隔膜，从而形成理解的偏差。这样一来，如何解决禅宗语录的语言障碍，便成了日本禅学研究一个不可回避的问题。

日本的中国文学专家可能更敏锐地意识到禅宗语言的特色，如吉川幸次郎在讨论文学语言时指出："可以说是禅家的语录第一次发现到口语的趣味，认识到没有口语不能传达意思。"[1]而真正促成日本禅学的"语言学转向"的当首推著名的中国文学专家入矢义高。他生前虽然没有留下关于禅宗史的大部头著作，但对禅宗语言的研

---

[1] 《中国文学史》，岩波书店，1974年，第246页。

究在日本学界产生了很大的影响。在入矢义高看来，禅宗的语言并不是独立的文化现象，而在相当的程度上是与唐代的口语有关联的。因此，早在20世纪50年代，他就注意到中国学者在口语方面的研究成果。张相的《诗词曲语辞汇释》刚出版不久，入矢义高就在京都大学《中国文学报》第一号（1954年）上发表书评，在肯定《汇释》一书具有开创性价值的同时，也详细阐述了对其析义不严密、训诂不统一、体例不恰当、选例不准确等的疑问和不满。后来，入矢又在《中国文学报》第十一号（1959年）上为蒋礼鸿《敦煌变文字义通释》的初版作了书评，他赞扬道："可以说在几乎从未开拓过的中世语言的语汇学、乃至语言史方面的研究上，蒋礼鸿氏的这种新的耕耘，是不容低估的。"而另一方面，他严厉地批评了蒋氏所谓"归纳整理"中为数不少的"极为牵强、臆断之例"。这两篇书评实际上提供了一系列俗语词研究的原则和方法：其一，语词分析应有系统性，大凡要给某一语词下定义，即使从理论上提示其理由根据在多数场合显得困难，也要设法自圆其说，并显示其结论得出的过程；其二，训解语词应广泛参考训诂学著作以外的各种文献，就唐五代口语词而言，在变文、笔记之外，还应参考同时代的史籍资料；其三，应考虑俗语词的时代性，在讨论唐五代词汇时，不能简单地引用更早的先秦两汉古籍或更晚的宋元明俗书中的用法来作例证。这些原则和方法虽是针对中国学者的著作而言，其实更重要的是为日本学者解读禅籍奠定了基础。

　　针对日本禅学界流行的"不立文字"、"冷暖自知"的口号，入矢义高提出这样的主张："冷暖确实应该是自己所知的事，但仅仅知道还不能算作结束。自己首先把'知'的事情表达成语言，是语言表达出的所知之事把'知'客体化了，进入这一省察的过程，是重新确认知其事的自己和'所知之事'之间的相关方法——不经过自我检验的锻炼，那种悟性和美感，不能成为我们自己所拥有的东西，不能成为启示他人的东西。"① 与以往的禅宗研究主要依靠宗教知识来解读禅文献不同，入矢义高的研究更加贴近当时禅僧实际生活的语言环境。他以丰富的文学知识为背景，在整个唐代文学的视野中为众多禅语找到了正确的意义。更值得指出的是，入矢对他人视为畏途或不屑一顾的"祖师禅"时代的禅籍作了正面的解读，基于在唐宋口语方面的知识，他从不少似乎缺乏逻辑的禅宗文献里发现了丰富的内在思想。

在入矢义高和柳田圣山的引领下，从20世纪60年代后期开始，日本禅学界掀起一股从文献和语言入手研究禅宗思想的热潮。一批唐代禅宗语录被先后译注为日文，如柳田圣山整理的《临济录》（大藏出版，佛典讲座，1972年），在典故、史实、教理等方面的实证性注释和解说颇有优长。而入矢义高自己译注的《临济录》（岩波文库，1989年），则在语言学的精确和独自阅读的深度方面更有特色。语言学的解读可加深内容理解，同时对内容的反向追究也引发语言学的问题。关于这两本经典的译注，可参见入矢的《临济录杂感》、《禅语谈片》（禅語つれづれ）以及衣川贤次《临济录札记》（《禅文化研究所纪要》第15号，1988年）、书评《入矢义高译注〈临济录〉》（《花园大学研究纪要》第21号，1990年）。入矢义高还译注了《传心法要·宛陵录》（筑摩书房，禅的语录，1969年）、《庞居士语录》（同上，1973年），此外还有在他指导下译注的《马祖语录》（禅文化研究所，1984年）、《玄沙广录（上、中、下）》（同上，1987—1999年）、《景德传灯录（第3、4册）》（同上，1993—1997年）。在解读禅籍的过程中，入矢写下不少精彩的短文，抒写自己对禅籍的语言

---

① 《中国的禅和诗》，1968年，收入《求道和悦乐》，岩波书店，1983年再版，第83页。

和文体的独到见解，对疑难的禅宗词语的解释，甚至包括对禅语影响中国诗歌理论等问题的看法。这些文章分别收进《求道和悦乐——中国的禅和诗》（岩波书店，1983年）、《自己和超越——禅·人·语言》（岩波书店，1986年）、《空花集》（思文阁出版，1992年）等书中。其中有几篇被翻译成汉语在中日禅籍俗语言研究会主办的《俗语言研究》杂志上发表，如《禅宗语录的语言与文体》（李壮鹰译，创刊号，1994年）、《禅语散论——"干屎橛"、"麻三斤"》（蔡毅、刘建译，第2期，1995年）、《禅语谈片》（蔡毅译，第3期，1996年）、《说"师心"》（蔡毅译，第5期，1998年）等。

在日本大受欢迎的寒山诗也成为入矢关注的对象。就禅宗语言研究而言，寒山诗可同时满足两方面的需求：一是它整体属于唐代白话诗派，可与王梵志诗一样提供唐五代的白话口语资料；二是它与禅宗语录有密切的关系，常被禅师作为参究和征引的话头，可作为禅籍解读的样本。就这一点而言，入矢选录注释的《寒山》（选收寒山诗一百二十六首）以及发表于京都大学《东方学报》上的《寒山诗管窥》，与其译注禅宗语录有大致相似的语言学研究思路。孙昌武这样评价道："先生的精密考订与细致分析直到如今仍近为不易之论，无论是观点还是方法，都解难发覆，给人以诸多启发。"[①] 这个评价大致符合事实。

入矢义高在日本禅学的"语言学转向"中所作的贡献还包括主持各种禅学研究班，为日本禅宗语言研究奠定了一个良好的新传统，并培养了不少人才。其中重要基地之一就是地处京都花园大学的禅文化研究所。前面提到的对中国禅宗语言研究的兴起颇有影响的大事——《俗语言研究》杂志的创刊，就是由禅文化所发起并资助创

[①] 《游学集录——孙昌武自选集》，南开大学出版社，2004年，第450页。

办的。在创刊号的"发刊辞"中有一段话值得注意:"语言是思想的载体。若不能严谨地把握语言,则难以反映思想之实相。即使标榜'不立文字'的禅当然亦是如此。"这其实正是入矢义高的一贯主张。

依据这一思路,花园大学的衣川贤次在精确地解读禅籍方面取得一系列成果。他不仅参与编撰入矢义高监修、禅文化研究所发行的《玄沙广录(上、中、下)》、《景德传灯录(第3、4册)》等著作,而且单独发表了有关禅籍语言研究的一系列论文,如《临济录札记》(《禅文化研究所纪要》第15号,1988年)、《禅的语录导读(1—3)》(《中国语》,内山书店,1992年11月—1993年1月)①、《祖堂集札记》(《禅文化研究所纪要》第24号,1998年)、《禅籍的校雠学》(《田中良昭博士古稀纪念论集》,大东出版社,2003年)②、《祖堂集的校理》(《东洋文化》第83号,2003年),等等。后更与西口芳男、孙昌武合作点校出版《祖堂集》(中华书局,2008年),这是堪称迄今为止《祖堂集》整理中学术价值最高的一个版本。衣川曾对韩国海印寺的《祖堂集》木印版进行了直接调查,并由此确定了一些迄今为止无法辨认的文字。他根据《祖堂集》的序文提出,现存这个版本不是952年静、筠二僧编纂的最初形貌,从口语史研究情况来看,应是在北宋初。其考证过程和所得出的结论,很有学术价值。衣川贤次治学有三个特点:一是版本的校勘,二是词语的训诂,三是文义的探究,主张将汉译佛典、禅宗历史、汉语知识和文本分析结合起来研读禅籍。在《袁宾〈禅宗著作词语汇释〉》这篇书评中,衣川指出"要理解禅师们所面对的固有课题的思想史上的背景,认真阅读汉译佛典

---

① 此论文由蔡毅翻译为中文《禅宗语录导读(1—3)》,分别在《俗语言研究》第1—3期(1994—1996年)发表。
② 此论文又译为中文《禅籍的校雠学》,发表于《中国俗文化研究》第1辑,巴蜀书社,2003年。

是先决条件",批评有的学者在把禅宗公案的对话总结为几个公式时,"完全舍弃了谈禅师每个人心中的问题与当时思想史的课题,只看到表面的形式,可以说只是类型化的无益的尝试"①。这对中国禅学和禅语的研究是颇有针砭作用的。

  禅文化所的芳泽胜弘在解读禅籍方面也发表了一些很好的见解。比如对著名公案洞山"麻三斤"的解释,入矢义高曾有"麻三斤"→"三斤麻,一匹布"→"袈裟"→"与佛同参"的推论②,这对日本学术界影响很大。柳田圣山在其名著《训注佛国录》(佛国国师语录刊行会,1975年)注中本来把"麻三斤"理解为"三斤麻,麻盖指芝麻,但无疑这里用做机语",但后来根据入矢的解释,在《禅语余滴》(禅文化研究所,1989年)中改成"做一件衣服所用的麻,三斤是重量单位"。入矢义高、古贺英彦编写的《禅语辞典》(思文阁,1991年),入矢义高、沟口雄三、末木文美士、伊藤文生新注《碧岩录》上册(岩波文库,1992年),西村惠信注《无门关》(岩波文库,1994年)都采用了这一说法。芳泽胜弘对此几成定论的说法表示怀疑,他在《"麻三斤"再考》(殷勤译,《俗语言研究》第3期,1996年)中根据洞山守初宣称的"言无展事,语不投机"的禅观,并根据与洞山时代相近的禅师对此公案的理解,指出入矢以语言学的逻辑推论来观测洞山的"语中无语底活句"可能是毫无效果的。无论芳泽的观点是否成立,这种适当地站在禅宗宗教性的立场来思考如何处理禅籍公案语词的态度,无疑是可取的。因为他提醒研究者,禅籍的语言是一种特殊的语言,如果不加区别地均用语言学手段去推测,有可能南辕北辙。从某种意义上来说,芳泽注意禅

---

① 见《古籍整理出版情况简报》第268期,1993年3月20日。
② 《麻三斤》,花园大学《禅学研究》第62号,1983年;收入《自己と超越:禅・人・ことば》,岩波书店,1986年。中文译文刊于《俗语言研究》第2期。

语"语中无语"的观点在后来东京大学末木文美士的《碧岩录》研究中得到呼应,在中国方面,则有周裕锴把"无义语"视为宋代禅的特色的相似看法。芳泽还在《岩波文库版〈碧岩录〉札记》(《禅学研究》76期,1998年)一文中指出入矢义高等人简注的问题,比如关于《碧岩录》中"还他作家手段"一语,入矢等人翻译为"把作家的手段还给他",芳泽举了大量类似"还他"的句子,认为还是应当遵循日本禅林的旧解"归结于那个作家的手段"①。当然,尽管芳泽批评入矢等人的错误,但其所使用的论证方法仍是遵从"把握语言以反映思想之实相"的原则。

提到末木文美士,就不得不说说宋僧圆悟克勤《碧岩录》在日本的再发现。宋代禅文献重新受到学者关注,这是日本近年来禅学发展的主要趋势。20世纪后半期,入矢和柳田领导的研究班主要集中于敦煌禅宗文献和《祖堂集》的解读,研究唐五代的禅——所谓"纯禅的时代"禅宗的活泼泼的本来面目,宋代的禅籍在很大程度上被当作"伪史"或迷妄之禅遭到忽略乃至鄙视。实际上,初期禅宗典籍的研究,并不能解决宋代禅籍的阅读理解问题,这是因为宋代禅宗有其自身的独特性,正如原始儒家有别于宋明理学一样。末木文美士指出:"(初期禅宗的研究)有敦煌文献这种同时代资料,以它为标准来确定事实。但这种研究方法,对以后的时代来说,并不是最有效的,因此我们需要新的研究方法。"②末木曾参加入矢、沟口、伊藤等人对《碧岩录》的简单注释(见前),后来又主持《碧岩录》研究会,结集出版《现代语译碧岩录(上、中、下)》(岩波书

---

① 参见[日]芳泽胜弘《关于"还他……"》,[日]神野恭行译,《俗语言研究》第5期,1998年8月。
② [日]末木文美士《禅の言语は思想を表现しうるか——公案禅の展开》,《思想》第960号,岩波书店,2004年,第34页。

店，2001—2003年）。他的翻译受到驹泽大学小川隆的批评，此后，二人展开多次学术论争。末木的观点见于《禅的语言能表现思想吗——公案禅的展开》（《思想》第960号，岩波书店，2004年），与芳泽相比，他在解读禅籍时更带了点哲学化和思想化的意味，看重不能用语言表现的东西。小川的论述则见于《禅文化》杂志（第185期起，禅文化研究所，2002年7月起）上连载的《〈碧岩录〉杂考》中，在细致考察文献、精确把握语义的基础上，发掘禅籍中蕴藏的思想，这无疑更忠实地继承了入矢义高开创的语言学传统。比较有代表性的是他对"昭昭灵灵"一词的解释，通过细致分析《碧岩录》中"昭昭灵灵"的用法，他指出圆悟用这个词表达见闻觉知的作用。

小川隆是近年来日本禅学界涌现出来的杰出学者之一。从他已发表的一系列论著来看，显示了两条新的研究路径：一是在前辈学者的语言学方法中加进了更多思想史的元素，如《唐代禅宗的思想——石头系的禅》（《东洋文化》第83号，2003年）一文，他通过对《祖堂集》语言的仔细辨析，指出石头派从马祖派中独立出来，并非像通常的历史学解释那样，只是教团势力的分裂争斗的结果，而是因为石头禅确有与马祖禅不同的思想元素。《语录的话语——唐代的禅》（禅文化研究所，2007年）是他在《伞松》月刊上连载文章（第715—738号）的结集。通过解读几部唐代语录，对唐代禅宗的思想史作了一个细致的素描。二是将研究的重心转移到为前辈学者所忽视的后期"祖师禅"上来，尤其是宋代禅学上来，如《〈碧岩录〉杂考》、《语录的语言——〈碧岩录〉与宋代的禅》（禅文化研究所，2010年），利用文献的语义学解读，在祖师禅中发现思想的历时性。他的《西来无意——禅宗与佛教本土化》一文，指出宋代关于"祖师西来意"这一词的理解正好与唐代相反，由"无事"变为"大彻大悟"的同义语。他认为"这并不仅仅是一个词含义的变化，而是表示着无条件地承认现有的自己的唐代禅宗,业已转换成为打破现有的自己而追求开悟的宋代禅宗了"。这种语义学与思想史相结合的方法,为日本禅宗语言研究开辟了新方向。

此外,土屋太祐在他的博士论文《北宋禅宗思想及其渊源》(四川大学,2007年)的前言中,一方面肯定入矢义高和周裕锴对语言的研究具有前瞻性和挑战性;另一方面又指出其问题则在于历史性的缺乏,未能将语言研究和思想史研究很好地结合起来。例如,入矢监修的《禅语辞典》就是以"共时性"为前提的研究成果,它在众多禅籍中寻找例句,归纳出禅语的意义,但并没有考虑到时代的不同,因而使用者将其对唐代禅语的解释用到宋代典籍上,这就导致了错误。周裕锴《禅宗语言》解释"扬眉瞬目"没有注意到其后存在的马祖"作用即性"的思想以及后来禅门对此的批判,忽视思想史的背景。土屋批评周氏著作下编"拟从共时性的角度研究禅宗语言形态"的立场,指出这种"共时性"正是语言研究(包括入矢义高研究)的陷阱。这种批评是有一定道理的。

从纯粹语言学的角度看,更值得介绍的是日本著名汉学家太田辰夫。他的《中国语历史文法》[①],是受到学术界关注的一部重要著作。他在书后的跋语中指出:"语言的发展只有通过书面记录才得以观察,而书面语的发展则必然要受到用以记录语言的文字的影响。"因此如何选择汉语史研究的语料,鉴别其真伪和年代,对研究结果起着决定性的作用。在禅宗典籍中,太田特别青睐《祖堂集》一书,正是他强调选择"同时资料"而非"后时资料"的研究理念的体现,因为《祖堂集》记录语言的文字,相对于后来的《景德传灯录》、《五灯会元》等,更接近唐五代口语的实际状况,是系统了解早期白

---

① [日]太田辰夫《中國語歷史文法》,江南书院,1958年;朋友书店,1981年重印;蒋绍愚、徐昌华译《中国语历史文法》,北京大学出版社,2003年修订版。

话的唯一资料。太田在《中国语历史文法》里运用了很多《祖堂集》的材料，又编纂《〈祖堂集〉口语语汇索引》(1962年)，收集了约两千五百条词语；随后编著了《唐宋俗字谱·祖堂集之部》(汲古书院，1982年)；并在《中国语史通考》中设有"《祖堂集》语法概说"专章①，较为系统全面地描述了《祖堂集》的语法现象。太田的研究成果不仅是日本学者阅读禅籍的重要参考书，而且对中国学者探讨禅宗语言现象也有很大的帮助。

辛岛静志是日本一个相对孤独的研究者，他对汉译佛典语言的重视，正好和中国内地的朱庆之和台湾的万金川鼎足而三。在《汉译佛典的语言研究》一文中，他批评日本中国学的学者轻视汉译佛典价值的倾向，尤其是佛教学者认为拘泥语言有损于信心的看法。辛岛指出："如果我们从为什么读不懂这一疑问起步，从语言方面仔细研究汉译佛典，就会发现，汉译佛典不仅是研究汉语史的重要资料，同时在我们探讨有关佛典的产生、发展等问题时也必不可少。"② 他关于汉译佛典的口语、难语、语法、语汇、音韵以及汉译佛典的原语等问题的研究，对于禅宗语言研究也有相当的参考价值。

当然，中日学者都面对着如何理解禅语中的宗教意味的共同问题，除此之外，相对于中国学者而言，禅宗文献的非母语性质给日本学者带来更多困难：汉语白话、文言文的理解问题，古汉语如何转换为现代汉语的问题，汉语如何翻译为日语的问题。不少对于中国人来说是"口头禅"(Ch'an of the mouth-corners)的东西，在日语里却很难找到对应的词语。因此，现代日本禅学研究有两个与语言学密切相关的重要传统。

---

① [日]太田辰夫《中国语史通考》，白帝社，1988年；江蓝生、白维国译《汉语史通考》，重庆出版社，1991年。
② [日]辛岛静志《汉译佛典的语言研究》，裘云青译，《俗语言研究》第4期，1997年8月。

一是整理基本典籍，影印古本文献，翻译注释禅宗语录灯录，附带编纂文献索引。其中重要的有：(1)《基本典籍丛刊》，全十二卷，十五册（禅文化研究所，1990—1994年），包括《祖堂集》、《祖堂集索引》、《东禅寺版景德传灯录》、《景德传灯录索引》、《虚堂录附索引》、《虚堂录犁耕》、《五家正宗赞》、《五家正宗赞助桀》、《碧岩录索引附种电钞》、《从容庵录附索引（连山交易头注本)》、《槐安国语索引》、《基本典籍综合索引》；(2)《禅语辞书类聚》，全三卷（禅文化研究所，1991—1993），包括《宗门方语》、《禅林方语》、《碧岩集方语解》、《俗语解》、《禅林句集辨苗》、《葛藤语笺》、《碧岩录不二钞》；(3)《禅的语录》（筑摩书房），如前举《传心法要·宛陵录》、《庞居士语录》，等等。

二是编撰辞典工具书。如：(1) 安藤文英、神保如天编《禅学辞典》（无我山房，1915年；正法眼藏注解全书刊行会，1958年）；(2) 山田孝道著《禅宗辞典》（光融馆，1918年；日本佛书刊行会，1965年；东京国书刊行会，1975年）；(3) 中川涩庵编《禅语字汇》（兴正会出版部，1935年；柏林社书店，1935年；森江书店，1956年）；(4) 驹泽大学禅学大辞典编纂所编《禅学大辞典》上下二卷和别卷（大修馆书店，1978年；新版，1985年）；(5) 柴野恭堂著《禅录惯用语俗语要典》（思文阁出版，1980年）；(6) 平田精耕著《禅语事典》（京都PHP研究所，1988年）；(7) 入矢义高、古贺英彦编著《禅语辞典》（思文阁出版，1991年）。

而这两个传统所凝聚的成果，也为中国学者研究禅宗语言提供了方便，使我们可重新审视看似"口头禅"的汉语词的准确含义。

日本禅宗语言研究起步较早，在典籍的整理、文本的解读和词义的考释等方面颇有成就，其方法和结论多有值得我们借鉴的地方。

在东亚，韩国近年来也逐渐出现禅宗语言研究的成果，主要代表是几位中青年学者，而研究的重点则集中在韩国所藏《祖堂集》

的语言现象上,如宋寅圣《〈祖堂集〉虚词研究》(中国文化大学博士论文,1996年)、张皓得的《〈祖堂集〉否定词之逻辑与语义研究》(政治大学博士论文,1998年)以及朴英绿《〈祖堂集〉意味虚化动词研究》(韩国成均馆大学博士论文,1997年)都是如此。此外,还有李哲教、一指、辛奎卓编《禅学辞典》(汉城佛地社,1995年),这都预示着韩国的禅宗语言研究即将兴起。

五、后现代的异域眼光:欧美禅学中的语言学转向

欧美的禅学研究开始于20世纪,可以说是由一群具有国际意识的日本思想家和禅师移植到西方的。1906年,铃木大拙的老师释宗演出版了第一本禅学的英文书:《一位方丈的法语》(Sermons of a Buddhist Abbot);同年,铃木大拙在巴利文本经卷学会的杂志上发表了第一篇英文禅学论文《佛教的禅宗》(The Zen Sect of Buddhism)。此后,铃木向西方世界发表了他有关禅学写作的英文系列。在铃木的影响下,西方人开始了他们自己的禅学写作。而这些早期的禅学书写,都强调禅思想的超理性的方面,把禅的悖论理解为否定神学的神秘主义,认为禅的经验是完全不能言传的"他者"。二战后到60年代之间,铃木以禅的观念与西方思想和其他学科对话,如与心理学家荣格(Carl G. Jung)、弗洛姆(Erich Fromm)之间的互动,对于心理分析学和心理治疗都有很大的推进。至于铃木对于"禅"的内在经验的强调,使禅得到充分的哲学反思,这都影响到欧美学者对禅的哲学研究。直到80年代以后,西方禅学才逐渐摆脱铃木的阴影,出现了以历史批判的方法重构禅学史的思潮[①]。这种思潮

---

① 参见龚隽《欧美禅学的写作——一种方法论立场的分析》,《中国禅学》第3卷,中华书局,2004年。

深受后现代主义理论影响，倾向于把禅宗史看作叙事性的文本，而着重讨论其口传与书写、对话与叙事、话语与修辞一类的主题，因而对禅宗的语言问题多有关注，甚至可以从某种意义上说西方禅学出现了"语言学转向"的倾向。

著名的历史哲学家海登·怀特在其名著《话语的转义》（*Tropics of Discourse: Essays in Cultural Criticism*）中颠覆历史文本的真实性，强调诗性行为在建构历史话语之中的普遍作用，证明修辞理论能够在历史与想象、真实与虚构之间建立合理联系。这种新历史主义对欧美禅学影响甚大，引发了西方学者对禅宗叙事的话语分析的兴趣。

史蒂夫·海因（Steven Heine）在《禅话传统中的叙事与修辞结构》一文中就借用了怀特修辞分析的方法和术语。比如，禅宗初祖菩提达摩与四个弟子之间有一段著名的对话："（达摩）乃命门人曰：'时将至矣，汝等盍各言所得乎？'时门人道副对曰：'如我所见，不执文字，不离文字，而为道用。'师曰：'汝得吾皮。'尼总持曰：'我今所解，如庆喜见阿閦佛国，一见更不再见。'师曰：'汝得吾肉。'道育曰：'四大本空，五阴非有，而我见处，无一法可得。'师曰：'汝得吾骨。'最后慧可礼拜后，依位而立。师曰：'汝得吾髓。'"（《景德传灯录》卷三）海因根据怀特的分析说，道副的回答是一种对语言工具性理解的"隐喻"（metaphor），尼总持的回答是一种连结佛土和无名法的"转喻"（metonymy），道育的回答是一种四大和五蕴为终极实在的"提喻"（synecdoche），而最后慧可礼拜后依位而立，却不曾开口说话，这是一种对于前三种的限制性和矛盾性回答的反讽式消解。海因进一步指出，达摩的对话包含且助长了神话化和去神话化之间的互动：其中神话化是由言谈模式的隐喻功能所助长，而这种言谈模式的隐喻功能是类似于前三种比喻；去神话化则是反映出前面的比喻被第四个比喻反讽地消解。海因这篇讨论了"机缘问答"作为基础的主要文类里关于口传和文本层面之间的关系，在方法论上援用了"话语分析"（discourse analysis），诸如互为文本性（intertextuality）、文类批评、叙事理论和修辞学或比喻结构等，强调在思想的诠释传统上，话语所扮演的角色。本文对"机缘问答"这种口传对话的书写形式所分析而得出的结论是：对话在掌握开悟的自发性时刻是"转化"（transformational）；作为宗派继承的主要象征则是"转承"（transmissional）；视禅师为言谈之谜的互为可变的部分是"转位"（transpositional）；而连结了观众的主动性参与则是"事件记录"（transactional）；就符合这些目的而言，禅师的影响性绝大部分是靠着他妙答的"转行"（transgressive），即把逻辑、文法和一般常识所预设的单纯性——破除[①]。海因这种从话语分析的角度研究禅宗公案的方法，对于我们思考禅宗语言的特色颇有启示性。

曾与海因合著《禅苑清规：理解古典文本》（*The Zen Canon: Understanding the Classic Texts*）一书的达尔·赖特（Dale S. Wright）在其《禅宗的哲学冥想》（*Philosophical Meditations on Zen Buddhism*）一书中，站在后现代主义的立场对禅宗语言发表了新的意见。他认为，由于文本和阅读都是在语言中进行的，因此，带入语言的思考，特别是对于禅语言修辞的特殊现象进行分析，都将深化对禅哲学的研究。在对黄檗禅学的诠释中，他将研究重心转到诸如"文本性"、"阅读"、"理解"、"语言"、"修辞"等一类的主题上来。而这种新的文本学方法的引入，对禅语言的解释也有相当值得

[①] 史蒂夫·海因《禅话传统中的叙事与修辞结构》，吕凯文译，见于蓝吉富主编《中印佛学泛论——傅伟勋教授六十大寿祝寿论文集》，东大图书公司，1993年。按：吕凯文将"discourse"译为"言谈"，此处仍遵循国内通行的译法作"话语"。

注意的提示。此外，赖特的《禅悟的话语：经典禅宗的修辞实践》(The Discourse of Awakening: Rhetorical Practice in Classical Ch'an Buddhism) 一文提到语录的形式，指出禅宗语录独有的修辞性，"他们把时代中的俗语从其特殊的表现中加以曲解。他们以不同的方式来表达相同的语言，为了去解消深嵌于其中的规范和基础"。这种说法我们很容易找到例子，比如，唐代流行的俗谚"张公吃酒李公醉"，本是讽刺武则天时代的宫廷现象，禅师借用时完全不顾俗谚的原始意义而置入自己的语境，便有了新的表现力。赖特在《再思超越：禅经验中的语言角色》(Rethinking Transcendence: the Role of Language in Zen Experience) 文中也指出，禅师们意识到秩序化的日常语言在使用中出现了整体扭曲，而希望寻找新的"非同寻常的修辞"(unusual rhetoric) 来加以克服。

20世纪80年代以后，西方研究禅学思想史最有成就的学者要数伯纳·弗雷（Bernard Faure）。弗雷的主要贡献在于注意到史料背后的宗派意识形态和权力的关联，由此批判了忽略史料的修辞性质和宗派主义立场的"客观主义历史学"，同时批判了有意回避新史料挑战、把作者当下的历史观和立场强加到对过去历史的解释中的"目的论谬误"。至于弗雷对于禅宗语言研究的启发，则主要在于借用语言学家奥斯汀（J. L. Austin）的语用学理论，提出了禅宗史研究中的"行事的学术"(performative scholarship) 方法。奥斯汀把语言区分为"行为式"(performatives) 和"表述式"(constatives) 两类，他发现最能够体现言语行为本质的，是语言的"语用力量"(illocutionary force)。就是说，语言包括那些看上去毫无意义的话语，还有另一种功能，即以言行事。要理解这种行为式话语，不能单靠分析话语自身，而是要把它放在特定的语境和脉络中。弗雷对禅宗公案的成功分析就运用到这一理论。他在《禅的洞见与临见：禅宗传统的认识论批判》（Chan Insights and Oversights: An Epistemological Critique of the Chan Tradition）一书中指出，公案经常不是要正面表达某种"意义"，而往往是指东说西的。这种被禅师们视为"活句"的无意味语，可能正是为了完成另一种行动——如修行与开悟，它具有行动或做事的力量。因此，需要把禅的文本重新置入特定的历史场景中，去给这种话语一种修行实践的分析。弗雷认为，禅的文本和言语经常是这样"行事的"，而不只是意义"传达式的"（communicative）。同时他也注意到，"行事的"学术方法并不是排斥文本的解释学经验，相反，它必须建立在对禅宗文本长期的熟识和解释循环的阅读基础上。这种见解应该是相当深刻的。

马克瑞（John R. McRae）的一系列禅学论著中也涉及不少语言问题，如《神会、马祖和机缘问答的抄本》（Shen-hui, Ma-tsu, and the Transcription of Encounter Dialogue）一文，以8世纪荷泽禅与马祖禅的"机缘问答"为中心，分析了禅宗语言学中的口语化问题。他将"机缘问答"作为"典范"，说明中国禅在8世纪发生了"语言转变"（linguistic change），口语化甚至方言化的祖师"语录"文本，以更加权威的形式取代了早期禅所方便融会的书写圣典[1]。他在《审视传承——陈述禅宗的另一种方式》（《中华佛学学报》第13期，2000年）中指出，在禅宗传承体系中具有意义的不是发生在释迦牟尼、菩提达摩和其他祖师身上的"事实"，而是这些人物在禅宗神话里如何被看待。最重要的是轶事经由什么过程而被创作、流传、编辑与修订，因而传遍禅宗修行人与支持者全体，直到此轶事成为可塑性的传说传统。由此他提出禅宗研究第一定律："不是真的，所以更加重要。"这一定律，也可促使我们反省不同时期禅宗典籍语言的价值

---

[1] 此文收入《佛教与中国文化国际学术会议论文集》下辑，台北中华文化复兴运动宗教委员会编印，1995年。

问题，而不至于只一味力求恢复所谓最原始的禅语记录。

美国的华裔学者也有一些值得重视的观点和成果。以提倡本体诠释学著称的成中英，在其《禅的诡论和逻辑》（《中华佛学学报》第3期，1990年）一文中，使用哲学和逻辑学的分析方法，对禅宗公案语言发表了很独特的见解。关于公案引发疑惑诡论的问题，他总结出禅宗悟者的两个原则：一是所谓的"本体无承诺原则"（the principle of ontic non-commitment），即打破公案表面语意与其深层存有论二者之间的指涉关系，使表面意义的语言失去本身存有论中的指涉者；二是所谓"意义重组原则"（the principle of contextual demonstration or reconstitution），即同一禅语言能形成有新的表面语意的语言形式，而其本体的指涉仍不变，也就是其本体指涉者没有特定的指涉对象。成中英指出："公案的内容本身就是诡论性疑惑的根源。虽然说其内容有时显得支离破碎，毫无关系，毫无章法可言，而且很难归纳出一个有意义的共通形式，但是在许多案例里公案却很成功的作为一种表达、传述、引发、证验开悟的工具。就某个角度来说，不管是就个别或是就全部公案而言，它们均以强化矛盾，不一致，甚至是胡言乱言的态度来说明、肯定、质疑、回答什么是'悟'。"在这篇文章中，成中英还比较了分析方法和禅经验的区别，讨论了禅诡论的形式及构架，列举了禅诡论的例证和类型。他承认，禅的诡论性乃是起源于禅公案的语意学与本体论构架二者之间缺乏必然的联系。禅的诡论性目的在于，驱引听者心灵对事物的最终实在证得"本体的洞见"（ontological insight），要证得这一洞见必须舍弃一切语意构架或语言的语意范畴的一切"本体的承诺"（ontological commitment），而这一洞见就是本诸舍弃本体承诺而得的概化。有了这种"本体的概化"（ontological generalization），其人才能说是已证得"禅悟"或消解了禅诡论的诡论性。不过，成文的问题在于,将不同语境、不同目的的各种公案对话的诡论简化成如此抽象的形式逻辑——"P是Q,若且惟若P不是Q"(P是隐藏真值述词,Q是指适当的逻辑的、语意学的或是日常语言的述词),这就多少脱离了禅师个人的独特问题和禅史的中心问题,换言之,脱离了禅公案事件发生的"一机一境"。这也是用西方的思维方式对东方的智慧进行研究所难免付出的削足适履的代价。此外,本文蹩脚的中文翻译也使其表述显得有点生硬晦涩。

另一位对大乘佛教深有心得的学者傅伟勋,提出作为一般哲学方法论的"创造的诠释学"(creative hermeneutics)。他将"创造的诠释学"分为五个辩证的层次:(1)"实谓"层次——"原思想家或原典实际上说了什么";(2)"意谓"层次——"原思想家想要表达什么"或"他所说的意思到底是什么";(3)"蕴谓"层次——"原思想家可能要说什么"或"原思想家所说的可能蕴涵是什么";(4)"当谓"层次——"原思想家(本来)应当说出什么"或"创造的诠释学者应当为原思想家说出什么";(5)"必谓"层次——"原思想家现在必须说出什么"或"为了解决原思想家未能完成的思想课题,创造的诠释学者现在必须践行什么"[1]。用此一般哲学方法论,傅伟勋在《〈坛经〉慧能顿悟禅教深层义蕴试探》一文中,在"实谓"层次考察了《坛经》的形成、版本以及作者、编者等问题,在"意谓"层次析解整部《坛经》的禅学教义,在"蕴谓"层次考察历代禅宗大德和当代学者分别探索出来的《坛经》可能具有的种种哲理诠释的意蕴,在"当谓"层次探讨积淀了深厚历史传统的慧能禅应当有的深层义理与多门义理脉络或连贯性,最后在"必谓"层次揭示出顿时转迷为悟的主体禅悟经验既是慧能本人、也是禅宗独特的根本

---

[1] [美]傅伟勋《创造的诠释学及其应用——中国哲学方法论建构试论之一》,见氏著《从创造的诠释学到大乘佛学》,东大图书公司,1990年,第10页。

着眼点①。傅氏的诠释学虽是哲学方法论,对禅宗公案语言的解读却颇有指导意义,从纯学术研究来看,前面三个层次的进阶应该是必不可少的。

在语言学方面,梅祖麟的《祖堂集》语言研究很有影响,如他的《〈祖堂集〉的方言基础和它的形成过程》认为,《祖堂集》的方言基础主要是当时的北方话,也就是晚唐五代的标准语,但又渗入少量当时闽语成分,并举例说明雪峰义存、岩头全奯这两个泉州人对话,用的不是闽语,而是北方话②。在《唐代、宋代共同语的语法和现代方言的语法》一文中,梅祖麟再次强调,《祖堂集》虽是在泉州编成并主要记录雪峰一系在闽传播的禅宗史,但是语法、词汇却与同时代在西北边陲写成的敦煌变文大同小异。《祖堂集》的语法之所以和闽南话有很多相似之处,那是因为唐末北方官话的成分还保存在闽语里,而不是《祖堂集》反映当时闽语独特的语法③。梅氏的论述比较客观地反映了《祖堂集》的语言构成过程,对国内某些学者过分强调《祖堂集》闽方言色彩的观点无疑是一种针砭。事实上,某些学者站在当今闽方言的立场去反观《祖堂集》,而非站在汉语史的立场检讨其历史形态,本来就犯了以今绳古的本末倒置的方法论错误。

---

① 见氏著《从创造的诠释学到大乘佛教》。
② [美]梅祖麟《〈祖堂集〉的方言基础和它的形成过程》,载《中国语言学报》(*Journal of Chinese Linguistics*)第10号,1997年。
③ 《唐代、宋代共同语的语法和现代方言的语法》,见《梅祖麟语言学论文集》,商务印书馆,2000年。

第二章 ● 研究的目的、方法和思路

一、值得警惕的陷阱和偏见

中国当今的禅宗语言研究已较三十年前有了长足的进步，取得了较大成绩，给我们提供了很多足资参考的东西。但是，回顾以往的研究史，可以感觉到仍然存在一些值得反省的问题。为了进一步将研究推向深入，进一步开拓创新，在此，我特将这些主要问题提出来，以与大家一起思考讨论。

（一）"禅宗"和"语言"的分离

前面说过，研究禅宗思想的学者和研究禅籍俗语言的学者基本处于隔绝的状态，虽有邢东风、周裕锴等人呼吁二者的融合，并在这方面作过有益的尝试，但由于学科设置的关系，这个状况至今仍未得到根本的改变。在阅读统计国内相关论文时可以发现，禅宗语言这个领域，基本上仍分为两大阵营，一个阵营是搞"禅宗"的，一个阵营是搞"语言"的。搞禅宗的似乎不太管语言或者不太懂语言，因而很少从语言辨析的角度去探讨思想；反过来，搞语言的不太管禅宗或者不太懂禅宗，因而很少从宗教传法的角度去探讨禅语的独特性。这样一来，禅宗思想似乎成了不依靠语言载体的神秘玄思，禅籍语言则因为被剔除了宗教成分而混同于普通的唐宋白话。"禅宗"与"语言"，划域分疆，未能做到真正的学术融合。

河北禅学研究所创办于2002年的《中国禅学》杂志，力图弥合各学科的鸿沟，有意开辟"禅宗思想与历史"、"禅宗典籍"、"禅宗语言文学"这样的专栏，展开学术交流。但从绝大多数文章的格局来看，仍然缺乏一种跨学科的眼光。换句话说，在这个杂志里，禅宗和语言乃是一种物理的组合，而非化学的溶合。日本学者衣川贤次在谈到入矢义高的禅籍解读时指出："真正有这个人的特点的个性化解释才有魅力，而且反而有一种能够获得普遍性的力量。光靠语言知识是看不懂文章的。有人说：'历史问题就请教中国禅宗史专家某某先生，语言问题就请教汉语专家某某先生，至于解释，就从我个人的立场作出。'但看书的时候，看书的人就浑然一体地面对对象，不会存在分裂成历史家、语言学家、师家（指禅宗的老师）等等这个那个的主体。"（书评《入矢义高译注〈临济录〉》）的确如此，很难想象一个依赖他人的语言解释的人能真正深入把握禅的思想，也难想象一个对禅宗思想一无所知的人能准确解释禅宗语句的意义。

其实，中国古代学术早就有文史哲不分家的传统，现代学术的最新潮流也提倡跨学科研究（interdisciplinary approach）。宗教与语言研究互不关心的弊病，虽导源于现代学科的划分，但实在是有悖于人文研究的古老传统和现代学术的最新思潮。

一方面，正如邢东风指出的那样："如果仅仅从语言学的角度解释禅的各种问题,那就难免在对禅宗问题的宏观理解上出现失误。"比如,于谷《禅宗语言和文献》在讨论禅宗语言的"超常出格"时认为,人们应当"排除语言形式的障碍,由表及里,化疑成悟,把握禅宗思想的本质"。邢氏批评说:"这里提倡的把握禅宗语言的方法,已经背离了禅宗研究特别是禅宗语言研究的立场。"[1] 又如,有语言学者敏锐地发现禅宗语录里有"眉"系词语,举出大量例子,分为五类,并注意到这在早期禅宗语录里很少见到,推测其大量使用应在五家分宗、禅林盛行机锋之际。这种归纳大体是不错的,可惜由于作者不明了中唐马祖系"扬眉瞬目"的作用及石头系对此禅风的批判,所以对这系列词语的宗教来源和产生时间不甚了了。

另一方面,某些出身于哲学宗教学科的禅宗学者,缺乏严格的语言学训练,有时也会使得其思想的阐释经不起推敲,立论缺乏坚实的基础。比如有学者讨论慧能禅学"即××是××"、"即××而××"的句式,认为"即"字后所指内容是此岸的形而下的现象,"是"或"而"字后所指内容是彼岸的形而上的本体,是超越后的境界。"即"表示"不离开"、"就是"、"在其中";"是"或"而",表示向解脱、超越境界的转化关系。以"即烦恼是菩提"为例,这位学者解释道:"只要皈依自心之觉、正、净,就能实现从烦恼向菩提的飞跃,不离烦恼而得菩提。"其实,就常识而言,"从烦恼到菩提的飞跃"和"不离烦恼而得菩提"是相互矛盾的两种情形[2]。出现这样的情况,乃在于对"即"与"是"的理解缺乏训诂学的依据,这与禅学者普遍忽视语言的准确分析与表达有关,而这样一来无疑会降

---

[1] 邢东风《禅宗语言问题在禅宗研究中的位置》,《俗语言研究》第3期,1996年。
[2] 董群《从慧能禅学看禅宗的内在超越性》,《中国禅学》第1卷,2002年。参见日本学者斋藤智宽《〈中国禅学〉第一卷管窥》对董文的评论,《中国禅学》第3卷,2004年,第490页。

低探究的深度和结论的合理性。

　　这种宗教和语言相互隔绝情况,极大地妨碍了学术研究的质量。就语言学家而言,不仅往往忽视资料在思想史上的脉络,而且无视原义理解自身,只取表面的语词,断章取义搜集两三例,即机械地归纳出某一意义。正如衣川贤次指出的那样:"这种望文生义的危险,是语义研究中经常出现的。"[①] 特别是现在电子检索系统输入关键词进行搜索的快捷方式,更有可能使得词语从上下文中割裂开来,成为丧失有机生命的非常危险的统计数据。不仅词汇学如此,语法研究的割裂思想史和文本原义的倾向也同样严重,禅宗典籍中的言句,往往被抽象成若干具有形式逻辑的模式,完全忽视了禅宗语言的特点。当然,在学术上受到更大伤害的是禅宗思想研究,因为毕竟"语言是思想的载体。若不能严谨地把握语言,则难以反映思想之实相。即使标榜'不立文字'的禅当然亦是如此"[②]。倘若连禅籍的句子都读不通顺,连语词的意思都搞不清楚,很难设想对禅籍中的思想有准确深刻的把握。然而,至今禅学界仍有一种根深蒂固的轻视语言的传统,将禅强调"悟"及"不立文字"视为排斥文本语言分析的借口。这样,各种禅籍书写传统的差异以及各个禅宗祖师之间言说方式的差异,便犹如黑夜里的猫,成了一样的颜色。

　　进一步说,禅宗语言研究不仅关涉宗教和语言,还包含着哲学、历史、文学、社会学、民俗学等多方面的内容。那么只有单纯的语言学研究显然是难以继续深入下去的。项楚和入矢义高等学者的学术成果之所以得到学界公认,正因为他们具有广博的知识、跨学科的眼光。他们在佛学、史学、文学、哲学多方面的修养,对其语言

[①] [日]衣川贤次《评禅宗著作词语汇释》,《古籍整理出版情况简报》第268期,1993年3月20日。
[②] 《俗语言研究》创刊号发刊辞,1994年,第3页。

学的进境助益不少。

究竟该怎样来真正弥合禅宗思想和语言研究之间的裂缝，两个学科之间究竟该如何反思自己的不足，相互借鉴对方已有的成果，是值得我们深思并在今后的研究中应特别留意的。

（二）词汇和语法的陷阱

就禅籍的语言研究来看，目前的最主要的角度有两种：一是词汇学的角度，致力于探讨禅籍的各种语词的语义；二是语法学的角度，致力于探讨禅籍（主要是《祖堂集》）中构词、组句的各种语法现象。这两个角度都取得了很大的成绩，出现了不少质量较高的专著和论文。特别是语法学的研究，已有中青年学者开始自觉借鉴使用现代语言学的理论，比如张美兰的《〈祖堂集〉语法研究》尝试使用语用学和认知语言学的方法，林新年《〈祖堂集〉的动态助词研究》尝试使用语法化研究的方法，这都是非常可喜的。

不过，就总体而言，国内禅宗语言研究在选择新角度、使用新方法方面还是做得很不够的。尽管禅籍词语的语义解释还存在很多争论，还有一部分词语至今尚无确解（这从《俗语言研究》上登载的"待质事项"就可知道），尽管在禅籍语法方面，也还有讨论的空间和进一步探究的必要，但我们必须承认，近年来真正观点新颖、见解深刻的论文并不多见，似曾相识的选题、陈陈相因的论述随处可见。这一方面是因为选题角度大致相同，另一方面是由于研究方法大致相近。

比如，禅籍中的语法，无非就是词法和句法两大类。前者包括助词、助动词、副词、疑问词等，后者包括疑问句、祈使句、否定句、被动句等。现在是"在"、"著"、"了"、"去"、"将"、"取"、"得"、"也"、"亦"、"呢"、"么"、"不"、"无"等的词法和句法都有人研究过了，再继续选择这样的角度，难免撞车。又比如，无论是词汇研究还是语法研究，大家都使用归纳描述的方式，举若干词例句例，加以总结，这样难免显得千篇一律。事实上，前举若干篇关于《祖堂集》语法研究的硕博士学位论文，如助词研究、介词研究、谓语动词研究、词缀研究、词语研究等，虽然其中也不乏自己的思考和探索，但总体上说不仅有"复制"指导教师研究方法的嫌疑，而且所论问题难以绕开学界已有成果。这样路径将越走越窄，接下去的论文最终将无题可选。

再有，仅仅从语法角度研究禅籍语言，恐怕还有一个问题，即它到底有多大的学术发展前途和提升空间。一方面，这种研究缺少实际操作性，对我们扫清阅读理解禅籍的障碍其实帮助不大；另一方面，它又缺少语言学理论的建构，而往往流于对禅籍公案表面形式的类型化归纳。

近期来研究生选题日益困难，整体研究水平相对停滞，乃在于我们的知识结构相对老化，学术视野相对狭窄，缺乏自觉的研究方法的更新意识。那么如何来克服这种现象呢？下面提出些问题供大家思考。

首先，是不是说禅籍中的语言现象仅仅对于传统的词汇学和语法学研究最合适？如果并非如此，那么，除了词汇和语法之外，我们到底还有哪些可以选择的途径？语言学学科里还有哪些领域可以给我们提供新的研究思路？社会语言学、语用学、符号学等是否都有引入禅宗语言研究的可能性？如果可以引进，该怎样操作？事实上，语言研究绝不应仅仅局限于词汇、语法，或是传统的文字、音韵、训诂等，其他的语言现象如话语（discourse）、修辞（rhetoric）、口传（oral）、书写（writing）、对话（dialogue）、诡论（paradox）等也应该纳入我们的视野。

进一步而言，跳出语言学的角度和方法之外，我们是否还有其他路径可以选择？既然我们研究的是禅宗语言，那么仅从普通语言学的角度去思考显然是不够的。禅宗语言，绝不只是语言的问题。作为宗教性的文本，禅籍中文字记载下来的语言可能与其表达的意义并不一致，也就是说训诂明不能保证义理明。任继愈曾告诫那些坚信文字考释可以把握《坛经》要义的人："更重要的是按禅宗的思路来整理《坛经》。不要理顺了《坛经》的字句，却背离了禅宗思想。"[1] 他这种观点虽有为不明训诂的禅学家辩护的嫌疑，未必能得到历史语言学者的认可，但却具有一定的合理性，值得研治禅宗语言的学者警惕。因为宗教的语言和思想之间的关系并非一一对应，不能完全从一般的语言是思想的载体的原则去理解。鉴于禅宗语言的复杂性和多面性，我们是否可考虑从语言哲学、区域研究、文化研究、新历史主义、哲学阐释学、文学阐释学等其他角度切入？

我这里只是提出一个设想，大家可以打开思路去想。如何找到一个更适合我们发挥自己创造力的角度，这是今后从事禅宗语言研究的学人必须思考的问题。

（三）《祖堂集》的话语霸权

根据上文的历史回顾我们可以看出，过去三十年来，已有不少学者以《祖堂集》作为考察禅语的对象，而近几年关于《祖堂集》的硕博士论文越来越多，在禅宗专书语言研究中几乎形成一枝独秀的局面。这表明我们的研究越来越向纵深发展，探讨的问题越来越细致，值得称道。但有一种倾向却令人担忧，由于大家主要把注意力放到《祖堂集》上，相对忽视其他重要的禅宗典籍，以至于造成选题过于集中，从而导致重复研究的状况。以袁宾所指导的九篇硕博士论文为例，涉及《祖堂集》的词语、助词、谓语动词、代词、

---

[1] 任继愈《以禅宗方法整理〈坛经〉》，见李申合校、方广锠简注《敦煌坛经合校简注》，山西古籍出版社，1999年。

量词、数词、介词、词缀等各方面,田春来的博士论文《〈祖堂集〉介词研究》(2007年)与李福唐的硕士论文《〈祖堂集〉介词研究》(2005年)甚至连题目都完全一样。

诚然,《祖堂集》是研究唐五代口语的极佳材料,它的语言学价值无可非议。我们尊重它的理由类似于尊重敦煌本《坛经》,认为它不像后来的禅籍那样经过人为的删改加工,因而更多地保留了历史的原貌和口语的真实。然而,由于没有一个古人的录音能保留到现在,所以我们研究古代汉语,哪怕是白话口语,都得依据文献上的文字记载。我们面对的是书写的历史,它与真实发生过的历史之间的关系究竟应该如何建立,并不是简单的事。更何况禅师一向是看重口传心授,而不重视文字的传承,禅宗经典的集成,也多是由弟子根据口述的记录整理而成的。由口传到书写,其中不只是简单的复制,而是经过非常复杂且微妙的意义转换。保罗·利科(Paul Ricoeur)在讨论口语与书写文本的关系时,提出过很深入的意见。他发现,由口语转到书面语的过程中,许多意义已经流失,因为口语在场的那种"情境"(context)——有时候这种情境是构成意义的非常重要的因素——在书写的文本中却是"缺席"(absence)的。所以,在一定意义上,通过书写的文本永远无法表现口语在场的完整意义[1]。在这一点上,早期的敦煌本《坛经》以及《祖堂集》的记载,在真实传递"情境"方面虽比《景德传灯录》等后出禅籍稍微优越,却也只是五十步和百步的关系。换句话说,《祖堂集》和《景德传灯录》只不过是来自不同的"书写"传统而已,它们作为与真正的"口传"对立的形式则并无两样。

这里就出现几个问题:

---

[1] Paul Ricoeur, *From Text to Action: Essays in Hermeneutics*, 2, Evanston: Northwestern University Press, 1991, pp.106-109.

其一,《祖堂集》是不是完全真实地反映了唐宋时的口语?当然我们知道,《祖堂集》是南唐静、筠两个和尚裒辑已有语录而成,那就涉及原始的语录记录者在多大程度上忠实地记下了祖师口头的原话,语言在转化为文字时是否有所走样?静、筠二僧又在多大程度上忠实地抄录了已有的语录?裒辑时是否有所加工改写,以纯体例?

其二,据衣川贤次考证,韩国海印寺《祖堂集》刻本并非静、筠二僧所编纂的最初形貌,乃成于北宋初。既然如此,今人研究所依据的版本已非裒辑时的原貌,更遑论祖师口语的原始记录。那么,时间上和性质上与今存《祖堂集》相似的《景德传灯录》是否也应具有大致相同的语言价值?

其三,任继愈有这样一种说法:敦煌本《坛经》虽然提供了较早的有价值的资料,但也要考虑到,此后的版本成书虽迟,其中包含的思想却可以很早。[①]同样,我们也应该考虑,《景德传灯录》成书虽迟于《祖堂集》,其中却是否可能包含有早期祖师的语料?

其四,《祖堂集》在禅宗发展史上对禅籍语言到底产生了多大作用?以它为标本,是否能真正代表唐宋禅籍的语言原生态?如何看待比《祖堂集》更广为流行的其他禅籍的语言价值?

我们在强调《祖堂集》作为口语化石的重要性的同时,也得承认,从传播学的意义上说,这部书因为流至海外,经数百年尘封,对中国本土的禅籍语言的影响也就相对有限,不仅比不上《景德传灯录》、《五灯会元》这样的著作,甚至可能还不如《碧岩录》、《正法眼藏》、《古尊宿语录》、《大慧语录》等。也就是说,传播面更广泛普及的文献所记载的语言,肯定会对语言的发展产生更大的影响,

---

① 任继愈《敦煌〈坛经〉写本跋》,收于《任继愈禅学论集》,商务印书馆,2005年,第31页。

即使它所记录的并不是真实的完全的口语，也应该有不容忽视的研究价值。比如宋代诗学的以禅喻诗，如"反常合道"、"句中有眼"、"点铁成金"、"夺胎换骨"、"中的"、"参活句"、"饱参"、"妙悟"、"识取关捩"、"向上一路"、"透脱"，大都出自宋代人编纂的禅籍，虽然也有与《祖堂集》重合的例子。这意味着《景德传灯录》等著作的经典性质，可能比《祖堂集》更深刻地影响到后来禅籍的言说方式，也可能更具有社会性。比如，苏轼、黄庭坚等一大批文人就很熟悉《景德传灯录》，朱熹这样的理学家年轻时常习《大慧语录》。而所谓祖师的一千七百则公案，更与《碧岩录》、《从容庵录》、《禅宗颂古联珠通集》这类禅籍有关。

陈寅恪曾经指出，即使是历史上的伪材料，也可以当作真史料来使用。马克瑞在禅史研究中也体验出"不是真的，所以更加重要"的定律[①]。这样的定律也可移植到禅宗语言研究上来。历史上不同时期出现的各种不同版本的禅籍语言，不会阻碍我们了解祖师"真实的口语"，反而更加丰富了我们研究的视野和语料，给我们提供了不同时代、地域和派别之间流行的更真实多样的禅语风貌。

所以，在此我们应该想想所谓的语料价值到底意味着什么，当我们一拥而上哄抢出土的新发现的具有考古学意义的新材料时，是否还应该考虑世俗流传、大众习知的常见旧材料的新意义？其实，对于语言学者而言，《祖堂集》固然是新语料，《碧岩录》、《古尊宿语录》也未必是旧相识。仅从项楚纠正《五灯会元》点校错误数百例，就可见传世禅籍中的语言问题远远还没有解决。显然，当前禅宗语言研究过分集中于《祖堂集》恐怕未必是一件好事，"《祖堂集》热"在引领研究走向精深的同时，也可能会带来低层次研究的重复

[①] [美]马克瑞《审视传承——陈述禅宗的另一种方式》，《中华佛学学报》第13期，2000年，第286页。

拥塞。所以，我们应警惕禅语研究中《祖堂集》"话语霸权"的陷阱，对其他后出传世禅籍的语言现象给予应有的关注。

(四)"白话崇拜"的谬见

禅宗语言到底是什么性质的语言？在语言学界有个根深蒂固的观念，一提到禅宗语言，马上会联想到生动活泼的白话，会联想到活生生的语料库。正是因为有了这样的想法，才会在语料选择上倾向于选择较早的白话禅籍，如《祖堂集》，而自动排除宋代后出的记载和阐释祖师公案的并不那么地道的禅籍。

于是，在汉语史研究中形成这样一个现象：为了有别于传统的训诂学重先秦两汉雅言的偏向，现代的语言学有意着力于研究唐宋以来的俗语；或者说，研究古代汉语的主要致力于传统文言文，研究近代汉语的则集中精力研治白话文和口语[①]，不惜矫枉过正。《祖堂集》的语言由于被视为白话系统，所以得到学者们的青睐。然而，这里出现了一个研究的真空地带：即不雅不俗、又雅又俗的相当一部分宋元禅籍语言在长时间内无人理会。比如《祖庭事苑》里面解释的词语，有"摩竭掩室"、"毗耶杜口"、"椎击妙喜"、"透法身"之类，既不见于传统训诂学著作，也不见于现代白话词典，甚至佛教辞典也不收。这就造成一个新的问题，就是纵使我们具有文言文和白话文的双重知识，仍然有可能读不懂禅籍。禅籍中这种不雅不俗的特殊语言，其实是一种具有递相沿袭性的承载宗教思想的特殊"行业语"，即所谓"禅语"。如果纯粹按照考察白话口语的态度来对待禅语，那么很容易出现方枘圆凿、牛头不对马嘴的情况。

事实上，在近代汉语的研究中有一种"白话崇拜"的倾向，而

---

① "近代汉语"并不等于"近代史时期的汉语"，而是指从晚唐五代至清初的汉语，"近代汉语"是语言学上的范畴，不是历史学上的范畴。参见方一新《20世纪近代汉语研究概说》，《浙江大学汉语史研究中心简报》2001年第1期。

这种倾向很容易导致对禅籍中貌似白话而实为典故的词语的误解。比如寒山，在一般读者的心目中都被看作王梵志似的白话诗人，而实际上，正如宋人王应麟所说："寒山子诗，如施家两儿事，出《列子》，羊公鹤事，出《世说》。如子张、卜商，如侏儒、方朔，涉猎广博，非但释子语也。"（《困学纪闻》卷十八）据项楚《寒山诗注》的考证，很多看似明白如话的句子，竟也有若干典故或来历蕴藏在其中，比如寒山诗"奈何当奈何，托体归山隐"，日本宫内省本、入矢义高的《寒山》和入谷仙介的《寒山》"托体"二字都作"脱体"。本来"脱体"二字是禅宗常用语，有白话色彩，但是这首诗的上下文是说死后归葬坟山的事，因此寒山这句诗实际上是从陶渊明《挽歌诗》"死去何所道，托体同山阿"化出的，所以应当作"托体"。还有很多类似的例子，可见，即使是寒山这样的所谓白话诗人，其实也采用了相当多有典故出处的词语。此外，被语言学家视为白话经典的《祖堂集》，其中佛教典故（内典）和世俗典故（外典）也随处可见，比如卷二《菩提达摩禅师》："古人求法，敲骨取髓，刺血图像，布发掩泥，投崖饲虎。古尚如此，我何惜焉？"就用了四个佛教典故，而且其措辞造句都与一般白话不同。爱使用典故成语，这是汉语的一个基本特征，禅语也不例外，忽视这一特征，在解释禅籍词语的时候就往往会出错误，甚至闹笑话。

总而言之，我们应该有这样的认识：禅宗语言是复杂的合成体，文言文、白话文、汉译佛典文等糅合在一起，很难分开。据梁晓虹《"句双纸"（禅林句集）与日本近代禅学》（《中国禅学》第3卷，中华书局，2004年）一文介绍，在日本禅林流行《句双纸》（禅林句集）一类的小册子，是为了有助于禅门初学者学习禅林偈颂、语句，练习写诗作文，或为方便入室参禅而编纂的一种实用的工具书。其中所收录的句子，既有方语俗词、熟语，也有诗句、古典语句。这种性质的册子，在中国禅林也同样存在。所以，有时候我们看到某个祖师的语录仿佛句句是大白话，殊不知这些白话也像杜甫、韩愈作诗一样"无一字无来处"，是一种书面白话，或者说是一种"白话典故"。谭伟的论文《从用典看禅宗语言的复杂性》（《汉语史研究集刊》第9辑），正是提醒研究者注意：禅语并非单纯的白话，其中用典的地方也相当多。只有明白这一点，我们才不会在禅籍语言的丛林里迷失方向。

因此，除了继续研究禅籍的白话之外，如何探讨禅籍里包含的其他语言现象，如行话、典故和熟语，如何研究禅语对宋元理学和诗学的影响，由此总结出特殊"行业语"与普通语言的互动规律，其间大有可为。还有，汉译佛典语言与禅籍语言之间有哪些联系和区别？早期禅籍里的活语言在后期禅籍里是否还保持着鲜活性？白话形态的语言是否也有被文字的传承凝定为僵化的死语言的可能？早期禅籍和后期禅籍文字异同中是否体现出一种宗教的、文化的书写策略？这些现象都有待进一步深究。

（五）简单化的公案解读

禅宗典籍中最有魅力的是公案语言。"公案"本来是古代法律用语，指官府的案牍，可以为法律依据，辨别是非。禅宗借用"公案"二字来比喻可以判别教理邪正是非的祖师的言行。有人统计出，《景德传灯录》、《天圣广灯录》、《建中靖国续灯录》、《联灯会要》、《嘉泰普灯录》等五灯录中共有一千七百则公案。我们知道，这一千七百则公案记载的是不同时期、不同宗派的禅师在不同场合的言行——主要是禅的对话，而每则公案关涉到禅师个人心中的问题与当时思想史的课题，是特殊的语境中的对话，因此探讨公案的语言必须联系禅问答的具体语境，对不同的公案加以区别对待。

不过，在不少关于公案语言解读的论著中，却常常可以看到一些简单化的处理方法,这就是用"神秘的直觉主义为特征的非理性思维方式"、"违背逻辑思维和生活常识的语言"这样的大判断来取代具体语境中的语言分析。衣川贤次批评袁宾《禅宗著作词语汇释》书中滥用"禅机玄妙"、"顿悟"、"呵佛骂祖"、"禅旨"、"禅机"等套语以及"语录中习见的反义问答"、"语录中常见的一种排斥式矛盾机语"等套话,批评府宪展、徐小蛮《禅宗的创造性思维形式——对禅宗公案的理性探索》一文将公案按逻辑分类为"平行式"、"背理式"、"逆向式"等公式的做法,认为这些研究都舍弃了谈禅师个人心中的问题与当时思想史的课题,只看到表面形式,是类型化的无益尝试①。批评虽然尖锐,却颇能击中要害。其实,在中国内地学术界,由于学科分设的缘故,语言学者普遍缺乏佛学知识以及禅宗文本细读的训练,对稀奇古怪的禅语所使用的场景不甚了了,所以只能浮光掠影地抽取其表面的形式,以作为所谓的"思维模式"。

这种简单化解读的情况在周裕锴的《禅宗语言》、张美兰的《禅宗语言概论》以及葛兆光的《语言与意义》中也都不同程度地存在。比如,在谈及禅宗的"活句"、"无义语"、"格外谈"之时,周氏虽有独特的洞见,但过于强调禅宗古怪离奇、不着边际的答话是为了昭示语言的虚妄性质,过分强调公案语言的非理性的一面。而事实上,这些"无义语"在各自的语境中功能并不相同,它们是由唐至宋各宗派祖师按自己的禅实践作出的不同回答。按照日本学者的细致阅读,不同的公案牵涉不同的思想史课题,其中大有理路可寻。也就是说,公案的语言能够在禅思想脉络的上下文中确定其意义。所谓"无义语"的说法,恐怕不能概括大多数公案语言的性质,它毋宁说是宋以后禅宗强调的语言策略,这就是以"妙悟"为中心对

---

① [日]衣川贤次《评〈禅宗著作词语汇释〉》,《古籍整理出版情况简报》第268期,1993年3月。

唐五代北宋公案语言文字意义的解构和颠覆。正如本书开头所介绍，早在北宋，汾阳善昭的"十八问"就提醒我们注意公案问答性质和功能的复杂性。

有些从语言哲学或逻辑学角度来讨论禅宗公案语言的论文，则显得更为简单粗暴，如前举成中英在《禅的诡论和逻辑》一文中断言："不管是就个别或是就全部公案而言，它们均以强化矛盾，不一致，甚至是胡言乱语的态度来说明、肯定、质疑、回答什么是'悟'。"（《中华佛学学报》第3期，1990年）这个断言就过分大胆。倘若我们能逐一地阅读分析一千七百则公案的原文，便会发现事实并非如此，因为每一个公案回答的问题并不相同。用"强化矛盾"来概括公案语言，用"悟"字来概括公案的目的，这也许是受到铃木大拙禅学著作的误导，错把"悟"当作唐宋禅宗思想史的全部课题的缘故吧。

总而言之，如何重建禅宗对话的语境，探究公案所蕴涵的思想脉络，避免简单化的"一言以蔽之"，是未来禅宗语言研究颇富挑战性的课题之一。正如周裕锴所说："语言是存在的家园，即使公案中最荒诞、最不合乎理性的部分，也必然因其代表着一种特殊的存在方式而具有一个概念的形式、概念的结构，因而也必然具有一个可理解的意义。"（《百僧一案——参悟禅门的玄机》，上海古籍出版社，2007年）如何发现这些可理解的意义，其间仍大有可为。

二、知识储备与治学途径

以上我们反思了目前禅宗语言研究存在的不足和有待拓展之处，那么，在今后的研究中，怎样才能克服这些不足，怎样才能开拓创新呢？千里之行，始于足下，目标的实现有赖于"沉潜"和"高明"

的结合,即扎实的基本功和冲动的创造力的结合。一方面要保持对前人有价值的学术成果的应有尊重,另一方面要有站在前人的肩头向更高处攀登的渴望。在学术研究中,有些基本的原则和方法永远不会过时;但同时,有些传统则可能是"念珠式的谬见"(马克瑞语),阻碍我们看得更远。下面我仅就自己的体会,给大家介绍一些研究禅宗语言所应具备的基本知识以及应遵循的基本原则,以及如何在此基础上,思考前人的得失,再利用新的理论和方法进行创造性的研究。

(一)基本知识储备

首先是版本的选择和比较。

禅宗语言研究的对象当然是禅宗典籍,这是第一手资料,一切研究以此为起点。众所周知,持续不降温的禅学热早已使坊间禅学著作汗牛充栋,禅宗典籍也以各种点校、翻译、选注、串讲、简体横排、繁体竖排、新式标点、旧本影印等形式大量出版,五花八门,眩人眼目。面对众多的禅籍版本,这就需要我们去粗取精,选定善本。

如何判定善本呢?一般说来,有三个标准:一是要看禅籍整理者是否为专门的名家,二是要看出版社是否为专门的古籍出版社,三是要看版式是简体横排还是繁体竖排。为什么呢?这是因为专门的名家对这部禅籍研究多年,其中凝集着不少研究成果,对禅籍的版本源流、文字正讹以及文本理解都多有心得;而专门的古籍出版社有素养深厚的专业编辑,长期从事古籍整理的编辑工作,有丰富的经验,能在文字上为作者把关;至于版式,繁体竖排尊重禅籍原文文字,有助于了解禅籍原始抄刻的文字风貌,而简体横排不过是为了普及和畅销,不宜于作学术研究的底本。比如,《祖堂集》就有多种版本,但其中最好的还是衣川贤次等人点校、中华书局出版的繁体竖排本,这一版本融汇了衣川多年的研究成果,正如我在前面介绍过的,他在此书出版前早已发表过《祖堂集札记》、《祖堂集的校理》等文章。

当然,事情总有例外,比如苏渊雷点校、中华书局出版的繁体竖排本《五灯会元》标点断句就错误极多。这算不上是真正的善本,但是在目前《五灯会元》尚无其他新点校本问世之时,此书仍可以利用,这就需要与项楚的《〈五灯会元〉点校献疑三百例》、《〈五灯会元〉点校献疑续补一百例》等文相对读,若据项楚的意见修改,仍有相当的版本价值。这里就涉及另一个问题,当我们准备考虑使用禅籍的某个版本作研究对象时,一定要了解有关书评以及相关的纠谬匡补之类的文章。

除了选择善本外,还有版本比较问题。比如《坛经》的版本就非常复杂,有敦煌的法海本以及后来的惠昕本、契嵩本、宗宝本等,今人整理本则有郭朋的《坛经校释》,李申、方广锠的《敦煌坛经合校简注》,杨曾文的《新版敦煌新本六祖坛经》,潘重规的《敦煌坛经新书》,周绍良的《敦煌写本〈坛经〉原本》等,如果要研究《坛经》语言,就有必要将这些版本的文字进行比较,在比较中发现值得研究的语言问题。

如果所要研究的禅籍尚无今人整理过的有学术质量的标点本(不包括简体横排普及本),那么就可采用《大正藏》和《卍续藏经》的本子。有条件的话,还可使用日本柳田圣山等人编纂的《禅学典籍丛刊》本。假如难以查找以上书籍,也可利用上海古籍出版社的《佛藏要籍选刊》本。

以上乃是就同一书名的版本而言。其实,禅籍里还有个现象,即同一个祖师的故事(公案)在不同灯录、语录里的记载,这里就涉及故事的版本源流问题。比如《祖堂集》卷二十《灌溪和尚》中有一段对话:"师到末山师姑处,师姑问:'从什摩处来?'师云:'露口来.'师姑云:'何不盖覆?'师却问:'如何是末山?'师姑云:'不露顶.'"《景德传灯录》和《五灯会元》"露口"都作"路口"。那么,到底是《景德传灯录》、《五灯会元》改动了《祖堂集》的记载呢,还是其另有原始的版本依据?谭伟认为"《祖堂集》很真实地保存了原貌,形象地记录了当时禅师斗机的情境"[1]。但情况可能未必如此简单,从情理说,灌溪和尚应该说的是"路口"——一个不确定的泛指地点,而末山师姑故意利用谐音关系将"路"理解为"露"。所以,《景德传灯录》的"路口"可能比"露口"更切近问答的原貌。换句话说,《祖堂集》和《景德传灯录》所根据的原始资料是否同为一个版本,二书对斗机锋的形式如何理解,其间还有很多值得探讨的东西。

其次是文字、音韵、训诂知识的掌握。

由于禅籍以语录为主,言说者的口语交谈、记录者的同音假借、编纂者的俗字抄录等情况,使我们阅读禅籍会遇到不少字形、读音、词义方面的困难,这就需要具备文字、音韵、训诂方面的基本知识。关于这方面,我们可以充分利用现有的工具书。比如前面介绍过的张相《诗词曲语辞汇释》、蒋礼鸿《敦煌变文字义通释》、袁宾《禅宗著作词语汇释》,此外还有罗竹凤主编《汉语大词典》,江蓝生、曹广顺主编《唐五代语言词典》,王锳《诗词曲语辞例释》,龙潜庵《宋元语言词典》,张涌泉《敦煌俗字研究》,太田辰夫《唐宋俗字谱》,等等。

但是鉴于禅籍语言的复杂性,不少词语工具书未必收录,或虽收录而注解未必准确,这就需要我们平时注意积累知识,比如项楚的《敦煌变文选注》、《王梵志诗校注》、《敦煌歌辞总编匡补》、《寒

---

[1] 谭伟《禅宗语言的研究价值及方法》,见《蜀语新声——四川省语言学会第十四届年会论文选》,四川辞书出版社,2009年,第83页。

山诗注》以及郭在贻等人的《敦煌变文集校议》等著作里涉及不少疑难词语的解释和订正，实际上可作为质量很高的学术工具书来对待，我们阅读研究禅籍时大可借鉴。

当然，使用这些权威的高品质的工具书也不能完全盲从，有些词语就得根据自己的阅读思考重作新解。比如，关于敦煌变文《丑女缘起》"两脚出来如露柱"中"露柱"一词的解释，蒋礼鸿据《通雅》、《册府元龟》关于阀阅的记载，释"露柱"为"旌表门第的柱端龙形的部分"。其后项楚、刘坚都支持或补充此说，《汉语大词典》也采用了此说。然而于谷《禅宗语言和文献》则指出蒋氏的解释显然是错误的，认为"露柱"的意思就是"四周显露的普通木柱"。于谷举了两个《古尊宿语录》中的例子，一是："师因入军营赴斋，门首见员僚，师指露柱问：'是凡是圣？'员僚无语。师打露柱云：'直饶道得，也只是个木橛！'"（《临济录》）二是："师入堂，见首座，乃云：'我见你了也。'座便喝，师打露柱一下，便出去。"（《兴化录》）的确，第一例把"露柱"说成"木橛"，第二例"露柱"位于寺院僧堂内，显然都不是"旌表门第的柱端龙形的部分"。再说，把丑女的脚比喻成阀阅这样尊贵的东西，也显得不伦不类。还有，《丑女变文》里"两脚出来如露柱"的下句是"一双可（胳）膊似粗椽"，阀阅也难以和"粗椽"配对。应该说，于谷的解释是正确的。

再次是佛教和禅宗知识的掌握。

禅籍中还有若干涉及佛教教义的术语，这就需要知道一些佛教的基本概念；涉及禅宗各派的基本禅观，这就需要了解一些有关禅宗谱系的知识。古人的工具书如睦庵善卿的《祖庭事苑》，智昭的《人天眼目》，无著道忠的《葛藤语笺》、《禅林象器笺》，等等，解释了不少宗门典故，近人和今人的工具书，则有丁福保主编《佛学大辞典》、袁宾《禅宗词典》、入矢义高等《禅语辞典》，等等。而禅宗的谱系则可参看《祖堂集》、《景德传灯录》、《五灯会元》等的罗列。

有了佛教禅宗的基础知识,在阅读禅籍的文字时,就会有基本的判断能力。比如《祖堂集》卷十八《仰山和尚》中"焰水觅鱼痴老鹤"的"焰"字,有校本作"蹈",这就是因为不了解"焰水觅鱼"乃是佛教用语,"焰水"就是佛教所说的"阳焰",是指春初的原野日光映浮尘而四散的影像。又比如"知有"一语初出于《庞居士语录》,本是隐含"有"的宾语的说法,后来"知有"成了话题,被当作"知有佛向上事"这一反映当时思想课题的一句话的省略形式来使用。但有学者在禅籍语词的解释中,却根据"知有"与"知"同时出现的情况,武断认定"知有"="知",这就是因为不了解禅宗史的知识。

所以,除了语言学的工具书外,研究禅宗语言还必须了解禅宗的历史,各个时段的思想史课题,讨论的中心内容,以及讨论时采用的写作立场和修辞手段。这方面的参考书值得推荐的有吕澂《中国佛学源流略讲》,汤用彤《隋唐佛教史稿》,杨曾文《唐五代禅宗史》,杜继文、魏道儒《中国禅宗通史》,印顺《中国禅宗史》,葛兆光《中国禅思想史》,龚隽《禅史钩沉:以问题为中心的思想史论述》、土屋太祐《北宋禅宗思想及其渊源》等。

当然,研究者若能具备较好的古代文学素养,那对禅籍的理解和解释也将大有助益。禅籍中有不少诗偈,语言文字具有隐喻、双关、反讽等多种修辞性质或文学性质,倘若不明禅语的象征性,按照一般普通语言学的语法、词汇来简单理解分析,得出的结论往往会方枘圆凿。特别是禅语的问答,充满幽默的趣味,颇富戏剧性,古人甚至有"借禅以为诙"、"打诨通禅"的说法,如果缺乏对此幽默语言的会心理解和文学感受,仅注重字面的训释和语法的总结,那么将无法真正揭示禅语的意义。

（二）基本治学途径

前辈学者和当代学者在研究过程中，积累了一些治学经验和可行的方法，值得我们参考，此处也作些简单的介绍，并略作引申推衍。

蒋礼鸿在《敦煌变文字义通释》的序目中指出，研究古代语言，应该注意纵横两方面：纵的方面就是联系各个时代的语言来看它们的继承、发展和异同；横的方面就是研究一代的语言，综合这一时代的各种材料。这也就是所谓历时性和共时性相结合的研究方法，将蒋氏此方法推而广之，在纵向连续性中发现历史王朝的变迁在语言中留下的痕迹，在横向联系性中探索社会不同阶层、区域、行业在语言中打下的烙印。具体到禅宗语言研究，纵的方面就是分析自初唐到南宋的如来禅、祖师禅、分灯禅、公案禅以至看话禅、默照禅各阶段的禅语变化，横的方面就是讨论同一时期的"农禅"、"京禅"、士大夫禅、北方禅、南方禅乃至赣禅、湘禅、闽禅等之间的禅语异同。在此，或者可以略微修改蒋礼鸿的方法，研究一代语言，除了综合这一时代的各种材料相互印证外，还应该分析这一时代的各种材料的独特性和相互区别。

郭在贻在《〈禅宗著作词语汇释〉序》中提出俗语词研究必备的四个程序：一是"求证"，从语言材料中寻找确凿而又充分的证据，反对单靠涵泳文意、玩味章法的文学赏析功夫。证据又有本证（或曰内证）、旁证（或曰外证）之分。比如研究禅宗语录的词汇，语录本身的材料是本证，从非语录的材料所得的便是旁证。二是"溯源"，要从历时语言学的角度，搞清楚某一词语的来龙去脉及其所以得义之由。三是"祛惑"，即祛除前贤及时人的某些误解谬见，给读者一个正确的答案。四是"通文"，用考释所得结论，去畅通无阻地解释其他作品中的同类词语，做到如清儒王引之所说"揆之本文而协,验之他卷而通"。这需要有宽博深厚的文献功底,还要有缜密精微的科学头脑。当然,郭氏囿于对文学赏析的偏见,完全忽视涵泳文意、玩味章法的功夫,这不能不引起我们的警惕。事实上,若要"通文",恐怕不能离开语言的上下文的反复玩味,因为禅语的特殊性不能仅靠治经史子集语言的训诂方法。

陈寅恪在《王静安先生遗书序》中概括王国维学术内容及治学方法有三点:一曰取地下之实物与纸上之遗文互相释证,二曰取异族之故书与吾国之旧籍互相补正,三曰取外来之观念与固有之材料互相参证。并认为"吾国他日文史考据之学,范围纵广,途径纵多,恐亦无以远出三类之外"①。这三点对禅宗语言研究也有一定的指导意义。就禅宗语言而言,敦煌禅籍的发现略同于考古发现,属"地下之实物",而传世的禅宗文献则属于"纸上之遗文",二者互相释证,可看出语言的时代性、地域性、宗派性等多种因素。高丽和日本的禅籍略同于"异族之故书",而中国本土保存流传的禅宗文献则是"吾国之旧籍",利用域外汉籍版本目录,与中国禅籍互相补正,也可发现语言研究的课题。至于"取外来之观念"来参证中国"固有之材料",这更是中国现代学术研究不可回避的重要途径。比如禅宗语录,本无所谓"语法"的说法,只有"死句"、"活句"的分别,但我们现在借用西方语言学中的语法理论予以分析,这就是取外来之观念解释固有之材料。其实,某些所谓"外来之观念"在现代学术中已成为治学的通则,是现代学术的基本研究方法,大可不必因其是"外来的"而加以抵制。倘若在禅宗语言研究方面拒绝"外来之观念"而闭关自守,学术的道路将越走越窄。所以,陈寅恪所言

---

① 陈寅恪《王静安先生遗书序》,见《海宁王静安先生遗书》,商务印书馆,1940年。收入《金明馆丛稿二编》,上海古籍出版社,1980年;生活·读书·新知三联书店,2001年。

第三点尤其值得我们深思。

入矢义高则更具体地提醒学者注意禅宗语录的语言和文体的问题，比如，他在《禅宗语录的语言与文体》(《俗语言研究》创刊号，1994年）一文中指出，唐代语录究竟在多大程度上真实再现了祖师的原话，这受制于记录者作为求道者的力量、他的表现能力以及禅师的说法方式（即所谓"对机说法"）等因素。以《临济录》为例，其中所收众多说法之文体，大致可分为两种：一种是尽可能忠实再现当时话头的、掺有大量口语的文体；另一种是以文言文为基调，讲究修辞的简洁文体。值得重视的是，同一旨趣的叙述方式的差异，会或多或少对旨趣内容的理解发生影响。因此学者在读禅语录时，不能只领会书中说了什么，同时也要留意它怎么说。基于此，入矢特别强调，对于禅录中的问答来说，准确的本子尤关重要，因为在问者与答者言来语往的应酬中，语言迸射出火花，这种语言有时是一句一字也不可移易的。粗心而随意地依据坏本子，会因一字之误而堕入莫名其妙的误解之中。

关于禅宗语言的理解和解释，衣川贤次在袁宾《禅宗著作词语汇释》的书评中也有值得参考的意见，总括其看法，大致是：其一，认真阅读汉译佛典，这不仅可了解禅师们所面对的佛学思想史上的背景，而且可得知某些禅宗用语的佛典来源；其二，在具备禅宗史的常识的基础上，将语言放进具体的禅思想史的脉络中去理解。这可以说是把"禅宗"与"语言"结合起来研究的一条较好的思路。此外，衣川也在其他文章中反复强调禅籍校勘的必要性，并主张通过校勘所得出的异文，即根据改古从今的现象而产生的异文，来发现语言演变的轨迹。事实上，根据《祖堂集》、《景德传灯录》、《碧岩录》、《五灯会元》等禅籍中的同源公案的不同表述，我们可以发现很多禅学和语言变迁的有趣现象。

三、跨学科的召唤与多元化的视野

（一）跨学科的综合研究

禅宗语言的魅力不仅在于它的奇特性，也在于它的复杂性。对于禅籍文本而言，宗教学家看到佛法自性，哲学家看到现象本体，文学家看到诗性修辞，民俗学家看到风俗习惯，社会学家看到社会属性，文献学家看到版本文字，语言学家看到语法词汇，逻辑学家看到诡辩悖论。有鉴于此，我们主张在以禅籍语言为研究对象的前提下，尽量做到多学科知识的相互借鉴，并以此为基础进行跨学科研究。

其实，当今已有不少跨学科的综合研究方法可资借鉴。比如由语言学和社会学结合而形成的社会语言学（sociolinguistics），我们可借用来探讨禅宗语言的社会属性与特质，说明其语言表达形式的社会根源。从社会语言学入手研究禅宗语言，就需要了解禅宗传法的基本形式，了解禅宗僧团与其他佛教教派的区别，了解禅宗的《百丈清规》以及"普请法"等。总之，要了解禅宗语言生成、流行的社会条件，在此基础上反过来探讨禅宗语言的社会属性。比如，布莱特（W. Bright）研究的七个内容：说话者的社会身份，听话者的身份，会话场景，社会方言的历时与共时研究，平民语言学，语言变异程度，社会语言学的应用等，都可借用来研究禅籍中的对话，诸如参学者、祖师在什么场景下进行的对话，对话有什么样的社会方言背景，在南方和北方、山林和京城禅宗对话所使用的语言是否有变异，如此等等，也就是联系社会因素的作用来研究禅宗语言的变异。目前已有学者试图从这个角度来进行研究，如陈海叶的《唐宋禅宗语录：社会语言学的研究路径》（《觉群·学术论文集（2005）》，宗教文化出版社，2005年）就作出了初步尝试。

语言学的哲学思考也是禅宗语言研究的一条道路，就语言是存在的家园这一思路，探讨禅宗发展进程中"语言与世界"的关系，禅语的阐释与被阐释的关系问题。不同时代的禅宗具有不同的存在，因而其面临的"语言与世界"的哲学思考也就各有不同。比如，唐代禅宗的主流是信奉"平常无事"、"即心是佛"，无条件地承认现有的自己，那么在对语言的使用上，也就非常朴素自然，如宋僧惠洪所说："古人纯素任真，有所问诘，木头、礐砖随意答之，实无巧妙。"（《石门文字禅》卷二十五《题云居弘觉禅师语录》）而宋代禅宗则越来越趋向提倡"妙悟"，即打破现有的自己而追求开悟，那么在语言的使用上就更多诡谲的"活句"，力图将语言推向无理路的状态，以达到"言语道断，心行处灭"的境地，从而导致打破漆桶似的恍然大悟。唐代禅宗是什么样的存在方式？宋代禅宗是什么样的存在方式？各自对"语言与世界"关系的认识如何？各自又有什么样的语言策略？虽然周裕锴等人曾有过论述，但其间尚有很多内容细节值得进一步探讨。

或可借鉴历史研究的方法，从历史语言学（historical linguistics）的角度切入，比较唐五代和宋元禅籍之间语言的异同，揭示出其间语言变化的社会外因和宗教内因。虽然唐五代的禅籍和宋元禅籍属于同一种语言，并非历史语言学研究语言谱系所致力的对象，但是我们完全可以借用历史语言学的研究方法，通过对大量唐宋禅籍语言文字的梳理比较，揭示出早期禅籍和后期禅籍语言之间的联系和区别，由此对社会文化和心理因素在禅语变化中所起的作用有更深的认识。这样的历史比较研究，可在早期禅籍《六祖坛经》、《黄檗断际禅师传心法要》、《临济录》与后期的《碧岩录》、《大慧语录》的对比中进行，也可在《祖堂集》和《景德传灯录》、《天圣广灯录》、《建中靖国续灯录》、《联灯会要》、《嘉泰普灯录》、《五灯会元》乃至更晚的《指月录》的对比中进行。看看早期禅籍和晚期禅籍中，有哪些言说方式、修辞方式发生了变化，哪些旧的词语和表达法消失了，哪些新的词语和表达法诞生了，为什么会有这样的变化。

当今有学者提出"宗教语言学"的概念，这也是一个可考虑的途径，从宗教学的角度探究禅宗五家七派各自的语言个性。临济、沩仰、曹洞、云门、法眼五宗虽然同属南宗，继承六祖慧能的衣钵，但自中唐便已分裂为马祖道一和石头希迁两个不同的禅系，宗教实践和语言风格也有相应的差异。前人说临济宗禅法峻烈，云门宗禅法简捷，曹洞宗禅法绵密，其实就是指各宗派的传法时的言说特点。这方面，杜松柏的《禅学与唐宋诗学》、吴言生的"禅学三书"有一定的涉及，且有较好的悟解，但如何"峻烈"，如何"简捷"，如何"绵密"，尚缺乏严格的现代学术的科学性和系统性的说明，因此关于五家七派禅籍的语言个性研究，还有广阔的空间。同时，这种宗教语言学的方法能结合禅法和语言双方的性质，可将研究推向严密精确，以避免一般禅宗语言研究不顾宗派差别而笼统打包的空疏浮泛的状况。这方面，可根据宋僧智昭《人天眼目》的提示，去追根溯源，辨彰考镜。

此外，还可从民俗语言学的角度切入，讨论禅籍中词语的民俗语源，或探讨禅籍中创造的词语对民俗语言的反馈。这个角度尤其适合研究禅籍俗语词特别是俗谚语。曲彦斌在《关于禅籍俗语言的民俗语源问题》一文中指出，所谓"禅籍俗语言"不外两种情况：一是汉语口语中约定俗成的民俗语言固有语料；二是缘禅文化而衍生的民俗语言语料。比如"猢狲带席帽"、"火官头上风车子"、"双陆盘中不喝彩"，等等，从民俗方面探究"席帽"、"火官"、"风车"、

"双陆"诸事物的内容,有助于准确把握这些谚语的含义①。关于禅宗自己创造的谚语对民间的反馈,也值得我们注目。正如清钱大昕《恒言录》所说:"俗语多出于释氏语录。如'弄巧成拙',庞居士语也;'竿木随身,逢场作戏',邓隐峰语也;'抛砖引玉',赵州禅师语也;'千年田,八百主',如敏禅师语也。"(卷六释"俗语"条)这些谚语在先前的典籍中未见记载,首见于禅宗的语录和灯录,而后在民间广为流传②。禅语和民间俗语之间的互动、借鉴和反馈,也将是一个饶有兴味的课题。

更具综合性质的还有所谓"文化语言学"的维度,跨越语言、哲学、政治、宗教神话、文学艺术、民俗等,且不管这种无所不包的综合语言研究的操作性如何,至少它可以启发我们认识禅语性质的思路。

(二)多元化的学术视野

有学者指出,鉴于禅宗语言的复杂性,应该从雅俗文化的互动以及宗教与世俗文化的融合的角度研究,具体包括以下几种方案:(1)用传统的目录、版本、校勘等文献学的理论和方法,对禅宗文献版本的流传、资料的来源等方面进行考辨;(2)用传统的文字、音韵、训诂等语言学的理论和方法以及语用学、认知语言学等现代语言学的理论、方法对禅宗语言进行系统研究;(3)以个案研究为基础对禅籍文献与语言进行综合研究,把禅宗语言与相关历史事实、政治事件、文化背景及宗教信仰等诸社会现象联系起来进行研究;(4)禅宗语言与禅宗教义研究相结合③。其实,这几种方案很难在同一个研究课题中

---

① 曲彦斌《关于禅籍俗语言的民俗语源问题》,《俗语言研究》创刊号,1994年2月。
② 参见范春媛《禅籍谚语研究》第四章《禅籍谚语的来源及演变》,南京师范大学博士论文,2007年。
③ 谭伟《禅宗语言的研究价值及方法》,见《蜀语新声——四川省语言学会第十四届年会论文选》,四川辞书出版社,2009年。

同时进行，我们毋宁把它们看作研究者所面临的多元化的选择。

我们提倡多学科的相互借鉴，并不是说所有的研究都必须采用综合研究的立场。事实上，每个学者可以根据自己选择的研究对象，或根据自己的学科特长，设定一个适合的切入角度。换句话说，在禅宗语言的研究上，可以有多元化的视野和立场，无论是横看成岭，还是侧看成峰，都会具有自身的学术价值。

西方禅学者已使用了好几种现代理论和方法来解释禅宗史传和公案文本，均牵涉到禅宗语言的性质问题。比如前举史蒂夫·海因的论文，就是借用话语分析（discourse analysis）的方法，剖析了禅宗公案的修辞艺术，发现禅籍中特有的叙事技巧，很新颖地解释了达摩和四个弟子之间的一段对话所蕴涵的宗教意义。其实，如果从互文性、文类批评、叙事理论、修辞学或比喻结构等角度去思考禅宗语言的话，那么我们还会有很多细致的工作可做。比如，各禅籍中公案的语言有何互涉性？典故和行话如何形成并流播？灯录和僧传叙事语言有何异同？禅籍的书写如何去神话化，同时又如何形成一种新的神话？禅宗的对话到底采用了哪些修辞策略？问答之间到底隐含哪些比喻结构？如此等等，将会有许多选题摆在我们面前。

新文化史的视角则可以引发我们对禅宗经典文本的再思考。我们前面谈到，胡适以"大胆假设，小心求证"的科学实证方法来考察《坛经》，对禅学研究影响很大，八十年来，禅学界关于《坛经》的种种争论，仍然没有摆脱胡适方法论"影响的阴云"，这就是争执所谓《坛经》可靠的"原本"问题，而始终没有得到突破性的解决，考证出大家公认的真本。台湾学者蔡彦仁、何照清等人站在新文化史的立场，提出《坛经》是"口语宗教经典"的观点，而"口语宗教经典"的性质本来就具有多元传布、增衍、诠释、正典化的过程，其版本的多样性自属正常。这种以"多元"代替"还原"的思路，将会促使我们反省传统考据方法追求"原本"的理想主义的局限。内地学者龚隽也从这一视角审视了禅宗言谈方式的改变,即由倾听形式改变为对话形式,再由口传性的话语被书写化,并探讨了新的历史叙述中所蕴涵的带有宗教目的的修辞结构。这些关于"口传"与"书写"的讨论,可打破禅宗语言依赖于文献考据的迷思,从而重新评估早期禅籍和晚出禅籍在语言方面各自不同的价值。

　　符号学理论则从另一个角度提供了禅语研究的思路。索绪尔在其名著《普通语言学教程》中就提到过共时语言学(synchronic linguistics)和历时语言学(diachronic linguistics)的概念,建立了动态符号学的雏形。上世纪末兴起的谜米学(memetics)更为动态符号学提供了理论支柱。谜米学认为,模仿是我们人类自然而然地拥有的一种能力,借助这个观点可以说明,语言符号的生成就是大脑、语言和谜米(meme)三者的互动过程,任何新的语言和非语言符号的产生都是通过模仿,并在认知和心理活动的作用下完成的[①]。"谜米"就是模仿因子,或译为"模因",这是一个很抽象的概念,那些不断得到复制和传播的语言、文化习俗、观念或社会行为等都属于模因。在现实世界里,模因可以表现为词语、音乐、图像、服饰格调,甚至是一些手势或脸部表情。如果从动态符号学"模因"论的角度去观照禅宗语言现象,也可以有不少新的发现,除了禅门流行的口头禅、行话以外,那些"扬眉瞬目"、"棒喝"、"作势"、"圆相"之类的动作符号,都可用"模因"论予以说明。从这个角度深入,我们可探究出禅宗语言复制、传播和交流的一般规律。

　　此外,巴赫金(M. M. Bakhtin)的社会符号学理论也值得禅语研究者注意。这一理论重视社会情境中的语言交际,关注的不是语

---

① 顾嘉祖《从谜米学的崛起看动态符号学的理论框架》,《外语学刊》2008年第1期。

言系统，而是话语，认为所有的话语都是对话性的，语言的对话性本质体现在语言的社会意识形态、发话主体和受话主体的性质上。在巴赫金看来，个人意识的语言存在于自我与他者之间的边界上，语言的语词一半是他人的。这个理论对于我们从社会意识形态的维度来观察禅宗公案的对话性质，分析对话中说者和听者之间的关系，应该说很有启发性。前举台湾学者中已有人利用这个理论来分析赵州公案，取得一定的实绩，而如何更好地领会社会符号学的精神，结合禅宗语言的具体材料进行有机的分析，避免生搬硬套、削足适履，则是今后我们应该努力的方向。

对于禅籍语言的阅读理解而言，当代的诠释学理论也有相当的指导意义。其中傅伟勋提出的作为一般方法论的"创造的诠释学"，其五个层次中至少前三个层次——"实谓"、"意谓"、"蕴谓"可以借用来思考禅语的理解问题。比如，有则公案叫做"藏头白，海头黑"，说的是有僧人问马祖："离四句，绝百非，请师直指西来意。"马祖答道："我今日无心情，汝去西堂问取智藏。"僧人去问智藏，智藏以手指头说："我今日头痛，不能为汝说得。汝去问海兄。"僧人又去问百丈怀海，怀海说："我到这里却不会。"僧人回到马祖身边，汇报这个情况，马祖说了句："藏头白，海头黑。"这则公案《景德传灯录》、《五灯会元》、《古尊宿语录》、《碧岩录》、《从容庵录》等众多禅籍都有记载。关于这则公案语言与意义的解读，就应遵循这样的层次：首先从"实谓"层次考察各种禅籍版本的记载，其间有何语言文字上的异同，考察这则公案人物的基本情况，马祖是谁？西堂是谁？海兄是谁？考察基本的佛教知识，什么叫"四句"、"百非"？什么叫"离四句，绝百非"？在解决了这些基本问题后，就要回答什么是"藏头白，海头黑"了。接下来从"意谓"层次分析公案的语意、前后脉络、上下文关系，得知"藏头白，海头黑"这六个字是马祖关于智藏和怀海回答僧人的评语,即评价那个说"今日头痛"的智藏是"头白",那个说"我到这里却不会"的怀海是"头黑"。再通过唐宋俗谚"将谓侯白,更有侯黑"在禅门里的使用情况,推测出"头白"指富于机诈,而"头黑"更胜一筹。也就是说马祖用这六个字想表达他的评价,即怀海的回答比智藏更狡猾。当我们弄清这则公案的基本含义后,仍然有疑问,马祖称怀海狡猾到底蕴涵了什么意思?这样就必须再进入"蕴谓"层次讨论禅宗思想史上的脉络,马祖和智藏、怀海之间的关系,"藏头白,海头黑"六字与"离四句,绝百非"这一佛教命题之间的关系等。"四句"、"百非"涉及佛教义理之学繁杂的名数逻辑和思辨,禅宗将其比喻为缠树的葛藤,"离四句,绝百非"就是要斩断葛藤,离言绝思。但是,如果要用语言来阐述"离四句,绝百非",那么阐述者自己也难免缠上葛藤。所以马祖推说"无心情",智藏推说"头痛",都是拒绝回答,不过都不如怀海来得彻底,干脆说"不会",这才是真正的斩断葛藤。所以"海头黑"是对怀海斩截语言的禅法的赞许。事实上,只有通过"实谓"、"意谓"、"蕴谓"这样层层推进,我们才会发现一千七百则公案各有自己的意义,不会用"全无理路"的简单评价一句打发。

(三)语用学维度的研究前景

20世纪60年代以后,西方哲学出现了一种"语用学转向",正如阿佩尔断言的那样:"现今的哲学无不带有语用(pragma)的特征。"[①] 语用学(Pragmatics)也成为和语法学、语义学相对应的三大

---

① Warum transzedentale Sprachpragmatick ? Bemerkungen zu H. Krings, Empirie und Apriori'-Zum Verständnis von Transzendentalphilosophie und Sprachpragmatik'<<, in: H. M. Baumgartner (Hg.): prinzip Freiheit (Festschrift für H. Krings), Freiburg/München: Alber, S.13-43 (auch in Apel, Auseinandersetzungen). 参见盛晓明《话语规则与知识基础——语用学维度》,学林出版社,2000年,第3—4页。

分析维度之一。中国当代的禅宗语言研究，在语法学和语义学方面取得了较多的实绩，而在语用学方法的利用上，却还显得相当薄弱，这固然影响了语言理论研究的深度，同时也影响了具体的禅籍阅读和理解。

我们常常会对禅籍公案所蕴涵的意思感到困惑，虽然这些公案中的词语能在辞典或其他工具书中查到它们的含义，但往往仍然无助于对整个公案所显示的意义的理解。比如关于马祖的一则公案：院主问："和尚近日尊候如何？"马祖答曰："日面佛，月面佛。"（《五灯会元》卷三）我们可以查到《佛名经》中的记载，日面佛寿长一千八百岁，月面佛寿长仅一日夜，但马祖的答话到底是什么意思仍不得而知。这是因为马祖所说"日面佛"、"月面佛"这两个词并非指称寿长一千八百岁和寿长一日夜的两尊佛，而是在回答院主关于"尊候如何"的询问，其中具有临时使用的隐喻意义。那么，要知道马祖的回答的含义，就必须从语用学的角度加以考虑。

阿佩尔指出："在分析哲学的发展进程中，科学哲学的兴趣重点逐渐从句法学转移到语义学，进而转移到语用学。这已经不是什么秘密。"[①]就禅宗语言研究而言，似乎也应该好好思考一下由词汇学（语义学）、语法学（句法学）转向语用学的可行性。在此，就我个人的理解简单介绍几种西方的语用学理论，并谈谈如何与禅语研究相结合的问题，供大家参考。

按照美国哲学家莫里斯（Charles William Morris）的说法，句法学维度涉及词语与词语之间的关系；语义学维度有关词语与其意谓对象之间的关系；语用学维度则体现了词语与其使用者（主体）之间的关系。如果抽象掉语言的用法维度，仅凭句法—语义维度，

---

① ［德］阿佩尔《哲学的改造》，孙周兴、陆兴华译，上海译文出版社，1997年，第108页。

所构成的意义只能是平面的，而不是立体的。所谓"语用学"的定义就是："从指号的解释者的全部行为中来研究指号的起源、应用与效果。"[①]莫里斯认为，句法学还须以语义学为前提，而语义学恰恰又是从语用学中抽象出来的。因此只有语用学才构成全部指号学的真正的基础。这是因为任何语句的意义要是离开特定的情景条件都将是不可思议的，返回语用学就是返回具体。这一点对于禅宗语言研究是极为重要的，禅师们常说"大机大用"，充分说明其语言在具体场景中的随机性与活用性，从语用学的维度探讨禅师使用语言的态度以及禅问答特定的人物场景，无疑会深化对禅宗语言的认识了解。

在语用学理论中，维特根斯坦（L. Wittgenstein）的"语言游戏"（Sprachspiel）说最值得一提。他在《哲学研究》中指出，把语言的本质理解为是对某种东西的指称，这实际上为我们提供了关于人类语言本质的一幅特殊的图画。"在语言的这幅图画中，我们找到了下述观念的根源：每个词都有一个意义。这个意义与该词相关联。词所代表的乃是对象。"[②]但这种原始指称关系过窄地限制了语言意义的范围，不足以涵盖日常语言所包含的丰富多彩的用法。按照"语言游戏"的说法，语言首先是一种活动，是和其他行为举止编织在一起的一种活动。语言和游戏是相通的，或者说语言本身就是一种游戏。语词的用法意义是在不同的游戏中被构成的。维氏举出的语言游戏种类有：命令、提问、讲故事、演戏、唱歌、猜谜语、讲笑话、祈祷、诅咒、道歉、翻译，等等。正如游戏一样，语言的用法是否得当，就涉及规则问题，即会话的双方同时都得受制于某种规则。但这是由会话者双方约定俗成，相当于一种游戏规则，无须

---

① ［美］莫里斯《指号、语言和行为》，罗兰、周易译，上海人民出版社，1989年，第262页。
② ［英］维特根斯坦《哲学研究》(*Philosophical Investigation*), Oxford: Basil Blackwell, 1958, §1。

满足普通语法规则的要求。由此,各种游戏在规则之间构成了一个复杂的交叉相似的关系网络,这就是所谓的"家族相似性"(family resemblances)。显然,禅籍中的大量语言现象都可用"语言游戏"说得到解释,事实上,禅师自己宣称的"游戏三昧"、"逢场作戏"、"师唱谁家曲?宗风嗣阿谁"以及世人发现的"借禅以为诙"、"打诨通禅"等,就已经非常鲜明地凸显了语言的游戏性质。在禅宗语言研究中,如何发现这些游戏规则——"宗风",如何认识家族相似性——"唱谁家曲",如何探究游戏双方相互理解的统一语境——"逢场作戏"之"场",如何考察语言用法本身的意义——"三昧"、"通禅",都尚有大量可开掘的余地。当今学术界已有一些文章运用"语言游戏"理论来探讨禅宗语言问题,正说明这一理论有相当的适用性。关于这一点,可参考本书第三章所介绍霍韬晦《禅的语言——兼与维根斯坦的语言哲学比较》一文。

语用学中颇具操作性的还有奥斯汀(J. L. Austin)奠定的言语行为论,在《如何用语言做事》一书中,他提出"说话就是做事"(To say something is to do something)的观点,使语言的意义问题彻底地摆脱了句法—语义学的分析模式,代之以彻底的语用化模式。也就是说,语句的意义并非取决于对经验事实的表达,而是取决于人们对该语句的用法,取决于该语句在语境——受规则制约的"生活形式"中的使用;语言是人类行为的一部分,实质上是一种言语行为。奥斯汀一开始把言语区分为"行为式"(performatives)和"表述式"(constatives),表述式言语的"意思"属于意义问题,而行为式言语的"意思"属于语用问题。表述式以是否真假来判断,行为式以是否得当为标准。从这个角度去看禅宗的对话,我们就会发现有些荒谬无意义的表述,或许正是使用得当的行为式言语。比如赵州和尚不断说"吃茶去",若依表述式的标准,是没有意义的;但以行为式来衡量,又可能是非常得当的。奥斯汀后来意识到,最能体现言语行为的本质特征的是所谓"语用力量"(illocutionary forces),正是通过"语用力量",说一句话也就具有做成一件事的功能。语用力量所提示的是潜在于说话者的话语中的某种作用力或效应,它能使话语在接受者那里只能产生一种特定的领会、注意和响应[①]。禅宗作为实践性很强的宗教,其语言的使用与佛教其他教派有很大差异,那些看似毫无意义的话语,也往往含有另一种功能,即施行宗教行为的功能。因此,言语行为论在分析禅宗那些无义语和棒喝语时,将会大有用武之地。我们在前面介绍伯纳·弗雷的禅宗史研究时,曾提及他借用奥斯汀的语用学理论成功分析了禅宗公案,就是典型的范例,兹不赘述。

---

① [英]奥斯汀《如何用语词做事》(*How to Do Things with Words*), Cambridge: Harvard University Press, 1962, p.120。

第三章 ◦ 禅宗语言研究典范举例

本章我打算给大家介绍禅宗语言研究方面相对有代表性的七部著作和三篇论文。这些论著各具不同的研究方法和特点，既有传统的词语考释和语法分析，也有语言哲学包括语用学的新尝试；既有文化史、思想史的视角，也有修辞学、逻辑学的路径。在客观介绍这些论著内容的同时，我也将适当加入自己的理解和评价，以供参考。由于本领域成果众多，因而此处介绍难免挂一漏万，尚祈读者谅解。

一、文化史视野下的语言观照
——项楚《寒山诗注》（中华书局，2000年）

这部书虽属于古籍整理中的校注成果，但在文学、佛学和语言学方面却多有创获，对于禅籍语言研究有重要的借鉴作用。寒山诗在唐宋禅籍中极有市场,禅师上堂说法、机锋问答常引其诗句,更有若干禅师、文人模拟仿作,以至于"拟寒山诗"成为禅宗文学中的一个独特的现象。所以,为寒山诗作注,解释诗中词句的意义,也可算作广义的禅宗语言研究。

众所周知,20世纪六七十年代,寒山诗曾风靡于西方世界,出现了好几种译本。但正如美国学者梅维恒(Victor H. Mair)所言,西方汉学界的一大弊端乃在于,几乎全然漠视中古汉语俗语言原典中的口语及俗语言成分,而且以割裂词为代价而过分关注单个汉字,无视中古汉语俗语言的语法特征[①]。而项楚这部书正好弥补了西方寒山诗研究乃至西方汉学界存在着的语言学方面的这一缺陷。

早在《王梵志诗校注》一书中,作者便显示了索解中古疑难俗语言的过人本领,本书继续保持了这一优势。同时,鉴于寒山诗题材风格的复杂性,本书更多地运用了宗教学、民俗学、社会学的知识,不仅解决了大量汉语史方面的疑难问题,而且揭示出大量语词的文化史意义。

例如第一首"凡读我诗者"中最后一句"急急如律令",作者指出,这本是汉代公文用语,后世用为道教符咒习语。举《齐民要术》、《太平广记》、敦煌本《伍子胥变文》、吐鲁番出土文书《唐唐幢海随葬衣物疏》、敦煌遗书《隶古定尚书》以及《法演禅师语录》、《大慧普觉禅师语录》、《续古尊宿语要》中《圆悟勤禅师语》、《野客丛书》等文献,证明其作为符咒的用法,本出自汉人"如律令";并指出这首诗中的"急急如律令"并非咒语,正是火急奉行之意。这条注释引用文献近十种,涉及内外典,特别是引用禅宗语录三种,给人若干启示:一是语录中道教符咒习语的使用,使人联想到禅籍

---

① 参见[美]梅维恒《区分中古汉语俗语言中字和词的界限的重要性——从对寒山诗的译注看世界汉学界的弊端》,张子开译,《新国学》第1卷,巴蜀书社,1999年。

中"点铁成金"的相似用法,说明禅语和其他行业或普通习语之间的关系;二是法演、圆悟、大慧为临济宗杨岐派祖孙三代禅师,不约而同使用"急急如律令",或许表明此语已成该派的"行话"。

又如第七六首"有汉姓懊慢",作者解释说,"汉"字是对男子的鄙称,源于北朝贵族胡人鄙视汉人,称之为"汉"。举《北史》、《北齐书》为例。并指出,这一鄙视称呼其后沿用不改,汉人彼此或亦称"汉",而轻蔑之意如故。又举王梵志诗中的"怕死汉"、"无用汉"、"田舍汉"、"罪过汉"等为例。一般学者很少注意到一个"汉"字竟有如此深的语义和历史背景,由此我们可举一反三,知道禅籍中的"担枷锁汉"、"瞎汉"、"担板汉"、"担屎汉"等骂人的话,原来有如此的来头。这样汉语史上词义的衍变,便与文化心理联系起来。

作者注释诗句,不满足于字词的解释,而是力图通过其他文献的举证来揭示诗句中蕴藏的文化观念。比如第七五首"世有一等愚"中的"贪淫状若猪"一句,列举《左传》、《朝野佥载》、《玄怪录》等外典中的材料,说明我国古代对猪既贪且淫的习性的认识,又举《增壹阿含经》所言:"若有一人,习于淫欲,作诸恶行,亦不羞耻,复非悔过……是名为人如猪。"这说明印度文化中也有类似的看法。正如张子开评价说:"这实际上还可以帮助我们认识中国文学史上的猪八戒这一形象。"①

本书在口语俗词方面多有胜解,如释"忽"、"忽然"为"如果、倘若",释"一等"为"一种",释"当头"为"分头",引证周详,言之成理。更重要的是,作者对俗语之外的生词僻典和佛家语词,作了推源溯流式的考释,如第一九一首"有身与无身,是我复

---

① 参见张子开《〈寒山诗注〉刍评》,《中国禅学》第3卷,中华书局,2004年。

非我。如此审思量,迁延倚岩坐。足间青草生,顶上红尘堕",若是单看"足间青草生"一句,很易视之为一般描写句子,而作者却以自己渊博的佛教知识说明此句典出《观佛三昧海经》:"菩萨是时入灭意三昧,三昧境界名寂诸根。诸天啼泣泪下如雨,劝请菩萨当起饮食。作是请时,声遍三千大千世界,菩萨不觉。有一天子名悦意,见地生草,穿菩萨肉,上生至肘,告诸天曰:奇哉男子,苦行乃尔,不食多时,唤声不闻,草生不觉。"又引敦煌《八相变》"芦穿透膝"与《明觉禅师广录》"芦芽穿膝笑无能",并说明此典形容打坐修行时间漫长。

语言不是一个独立自足的体系,它总和社会生活、民族心理、宗教信仰、文化传承有密切关系。本书最大的特点就是突破了文字校勘、语词训释的旧式校注的套路,立足于文化史的大视野,出入经史百家、佛典道藏、稗官小说,发掘出寒山诗语句中丰厚的文化内涵。这对于我们思考禅宗语言的文化来源和背景极有启示意义。此外,本书梳理出若干首寒山诗在禅籍里的化用情况,相当于为禅籍的解读研究提供了大量语料。

上述旁征博引的注释方法,其实还暗含了这样一个思路,这就是利用文本的互文性来确定诗句语词的意义。这不仅仅是指不同典籍中相同语词的互证,也包括不同语词背后所具有相同的文化现象之间的互证,如前举"足间青草生"和"草生不觉"、"芦穿透膝"的纯粹语言表述形式并不相同,但这并不妨碍它们指的是同一件事。这种从大量典籍中发现相类似的文化现象并将其融会贯通的能力,很容易使我们想起钱钟书的《管锥编》,事实上,本书关于有些诗句的解释,就直接引《管锥编》为证。这种由长期的阅读和思考所获得的治学成就,绝非利用电子资料检索词语进行统计的做法所能企及。

二、解读禅宗著作的钥匙
——袁宾《禅宗著作词语汇释》（江苏古籍出版社，1990年）

这是中国国内第一部对禅宗著作本身的特殊语词进行系统考释的专著，在禅宗俗语词方面具有填补空白的作用。本书收释唐宋时代禅宗著作里的词语共三百余条，以口语词为主，包括一部分常见的带有口语色彩的行业语。为了阅读和训释的方便，书中不少地方将几条关系密切的词语放在一起解说，这样做的好处是，可以看出同源词的发展演变。对于少数已见他人训释的词语，本书或提出商榷意见，或增广用例以补证成说。

郭在贻认为，本书在俗语词研究方面，做到了求证、溯源（包括穷流）、祛惑、通文四个程序，称得上是一种高层次的研究工作。

郭氏所谓求证，是指从语言材料中寻找充分确凿的证据，而不单靠涵泳文意、玩味章法的赏析功夫。他认为本书能做到言必有据，语不蹈虚。全书凡征引文献一百四十三种，内容涉及汉译佛经、禅宗语录、宋儒语录、笔记小说、通俗白话小说、诗词曲、史书、字书、韵书等，旁搜广览，精征博考。除此之外，书中还引了不少敦煌的变文和其他文献。作者既充分利用禅宗语录材料的本证（或曰内证），同时广引非语录材料中的旁证（或曰外证），如释"成办"一词，引《禅林僧宝传》"几时休歇成办乎"、"不愁不成办"、《五灯会元》"莫愁不成办"、"万法成办"等例为本证，又引《世说新语》"咄嗟便办"、《朱子语类》"又做不办"为旁证，说明"办"字皆含完成、做成之意，"成办"是同义词并列式词语，意谓成功。这样的训释就颇有说服力。

至于溯源穷流，就是从历时语言学的角度去搞清某一词语的来龙去脉，本书也有一些较好的尝试，比如释"良久"一词，作者引用禅宗灯录材料十余条，以为诸例"良久"皆沉默不语之义。然而"良久"为何有此义，颇为奇特。作者举《史记·淮阴侯列传》"汉王默然良久"、敦煌变文《唐太宗入冥记》"良久不语"、《大目乾连冥间救母变文》"良久思惟"、《丑女缘起》"良久沉吟，未容发言"诸例，推测因为"良久"一词常与"默然"、"不语"、"思惟"、"沉吟"等词语连文，久而久之，单用"良久"亦可表达沉默不语之义，并指出这是一种特殊的词义"转移"现象。应该说，这种推测是相当有道理的。又如考释"打辨"、"打扳"均为振作（精神）之义，实系同词异写，而元杂剧中的"打拍"与此同出一源，也言之成理。其他如"掉"、"东西"、"度"、"捞笼"、"啮镞"等条目，也可看出作者在溯源穷流方面的功夫。

在祛惑方面，本书多处地方纠正了中华书局版《五灯会元》在标点上的失误，而这些失误往往与标点者未明口语词的意义有关。比如《五灯会元》卷十九提刑郭祥正居士："今日不著，便被这汉当面涂糊。"作者指出，其实"便"字应归上句，"不著便"是习语，意为"不走运"，并举禅籍数例"不著便"用法为证，令人信服。又如"官不容针，私通车马"条纠正《敦煌变文集》标点与校记之误，也很精彩。特别是"就上"、"露柱"两条摘发《敦煌变文字义通释》之失，更有学术价值。蒋礼鸿释"露柱"为"旌表门第的柱端龙形的部分"，证据既不充分，猜测也不合情理，其失误乃在于忽视了禅籍中"露柱"的大量例句。

本书还较好地解释了一些特殊禅宗词语的意义，有助于禅籍读者畅通无阻地理解和解释文本意义，这就是所谓通文。这方面作者也有一些独特的贡献，如释"把茅盖头"为主持寺院，"奔流度刃"喻极为迅速，"鼻孔辽天"为高傲的样子，"还草鞋钱"喻指行脚一场,空无收获,这些解释大体准确可信。

不过,作为禅宗词汇研究的草创之作,本书也存在一些值得商榷的问题。语言的求证,绝非找到若干材料就完事大吉,还是得借助于涵泳文意、玩味章法的功夫,因为词汇的意义总是在上下文中得到确认的,并在互文中得到进一步证明。如本书释"平地起骨堆"为喻指虚妄、徒劳的行为,就值得商榷,其实这个词就是"无事生非"的意思,与"平地起波澜"大致相近。作者之所以解释错误,就因为涵泳玩味文意做得不够。本书溯源方面似也有欠缺,比如"拟议"一词,作者只找禅籍例证,其实这个词可追溯到《周易》。当然更大的问题是"眨上眉毛"条列出的类似表达方式九句(眨上眉毛、剔起眉毛、举目扬眉、瞬目扬眉、扬眉、不惜眉毛、惜取眉毛、眉毛堕落、眉须堕落),其中前五句与"不惜眉毛"以下四句虽字面相似而意义迥异,上五句作者解释为"动脑思索",但实际上正如衣川贤次所说,这是个动作,本于《楞伽经》,在日常行动中见出佛性发露作用的观念,出自马祖道一。下四句,是来自一种俗间信仰,即错误说法就会眉毛脱落的观念,"不惜眉毛"就是"即使会受到法罚,也敢于用语言说法"的意思。这种失误,也和作者缺乏禅宗史基本知识有关。

三、禅宗语言现象的基本介绍
——于谷《禅宗语言和文献》(江西人民出版社,1995年)

这是袁宾主编的《禅文化丛书》(第一辑)中的一种,而作者于谷,是袁宾的笔名。这套丛书属于普及读物性质,本书可看作作者对自己研究成果的概括说明。作者在后记里说:"从语言和文献两个角度向读者介绍中国禅宗,后者是一个老话题,前者则多半是新的领域。"放在20世纪90年代初中国的学术背景下来看，这大抵属实，因为本书乃是中国第一部冠有"禅宗语言"字样的专著。事实上，袁宾在80年代中叶就已涉足禅宗语言这个新领域，在禅宗词汇和语法方面研究有数年积累，才使他在撰写这本一百六十多页的小册子时游刃有余。

如书名所示，本书由禅宗语言和禅宗文献两部分组成。前面四章介绍语言，标题分别为：一、不立文字：禅宗的语言观；二、超常出格：禅宗的语言实践；三、口语化石（一）：禅宗语录里的口语词；四、口语化石（二）：禅宗语录里的口语语法。后面三章介绍文献，标题分别为：五、禅宗文献概貌；六、重要文献110种；七、禅宗文献整理。语言和文献两部分相对独立，但也有内在联系，如第七章在谈及禅宗文献整理中的标点错误时，认为乃是不了解禅宗特殊的词汇和语法所致。以下仅介绍本书关于禅宗语言的部分。

第一章作者考察了"不立文字"的意义，认为禅宗语言观"冲破现有的语言、概念对人类思想的束缚，实际上提出了语言表达功能的限度问题"。在介绍禅师们对于使用语言的态度时，作者分析了"放一线道"的权宜法门，这可以说是新的发现。所谓"放一线道"，就是在不立文字的前提下，略开方便法门，通过语言的暗示启发，引导初学者登堂入室，领悟禅法。他举例说，比如僧问："如何是西来意？"师曰："蚊子上铁牛。"这个比喻虽然精妙，但仍属于语言使用范围，因此也只是"放一线道"的做法而已。这显示出禅宗的语言观既有独特鲜明的原则性，又有切实可行的灵活性。作者介绍了禅宗关于月和指关系的观点，即语言文字只是用来给初学者指示禅法的，其本身并非禅法，就好比用手指指月亮，手指并非月亮一样。本章也论及禅宗语言观的历史变化，简述了宋代禅师重视前代祖师言教的风气，提及"公案"、"话头"、"古则"的说法以及"拈古"、

"颂古"、"代语"、"别语"等形式。作者指出,北宋禅师用诗偈形式对公案加以评议颂唱,虽然已开"文字禅"之先声,但这些禅语和诗偈既简短又隐晦,仍遗留着不立文字时代的禅家语言奇特精简的风格。这个看法大体是中肯的,既从语言观上指出唐宋禅风的变化,又从语言特征上揭示唐宋禅语的一致性,这有助于研究者克服对宋代禅籍的偏见,将其语言现象纳入考察的视野。

作者在第二章概述了禅宗的语言实践,将禅语风格分为"奇特怪诞"和"淳朴俚俗"两大类。关于奇特怪诞,他举例说,有人问:"如何是禅?"禅师回答:"石上莲花火里泉。"这就是奇特。有人问:"如何是祖师西来意?"禅师回答:"一寸龟毛重七斤。"这就是怪诞。因为通常的语言不能表达微妙禅义,所以禅师们经常说些怪异荒诞的词句,使学人无法按通常的意思去理解。禅语讲究"不说破",忌讳据实正面叙说。至于淳朴俚俗,作者主要从唐宋禅宗语录是同时代最口语化的文献的角度来解释,他举云门文偃一段语录为例,分析了其中多处唐宋口语词和口语语法现象,此外还列举若干俗语、谚语、歇后语的用例,以及一些粗鄙的词句。禅宗语录最常见的形式是"机语问答",作者用分类示例的办法,介绍了禅语问答的十五种常见体式:答非所问、答问脱节、答问相背、答问等同、异问同答、同问异答、答语倒序、实答被斥、仿答被斥、循环答复、循环否定、循环肯定、同题反问、反题反问、将虚就虚。他指出,禅宗僧人在本宗语言观的指导和影响下,在长期、大量的问答应对、较斗机锋的宗教活动中,已经习惯了逞奇斗怪、入虚出幻的特殊思辨习惯和表达习惯。但是,十五种体式各自有什么具体的宗教意义,作者却语焉不详。本章总结了具有禅语修辞特色的几类例子:(1)交错,如"敲空有响,击木无声";(2)矛盾,如"有亦不是,无亦不是,不有不无亦不是";(3)荒谬,如"无手人能行拳,无舌人解言语";(4) 突兀,如"师一日于僧堂自击钟,曰:'玄沙道底！玄沙道底！'"(5) 朦胧,如"欲知护国当阳句,且看门前竹一林";(6) 平常,如"饥则吃饭,困则打眠,寒则向火,热则乘凉"。这里的问题在于,作者并不清楚中唐以来马祖道一门下"平常心是道"的禅观,因此把"饥则吃饭,困则打眠"这样的禅观解释为"极为平常普通的生活常识,禅师们却一本正经地作为说法的内容,这就取得了强调的效果,具有明显的修辞色彩",可以说完全误会了宗教背景。此外,作者还介绍了"第一句,末后句"、"这边句,那边句"、"有义句,无义句"、"死句,活句"等,并讨论了"动作语"和"棒喝语"。但正如邢东风批评的那样,本书过分强调"禅宗语言不能用通常的概念意义去解释",主张对离奇的禅语采用"排除语言形式的障碍,由表及里,化疑成悟,把握禅宗思想的本质",其提倡的方法"已经背离了禅宗研究特别是禅宗语言研究的立场,而把人们引向了参禅的道路"[1]。

　　本书最有特点的是第三章禅宗口语词的讨论。作者在《禅宗著作词语汇释》一书中对口语词的解释多有创获,在此特地介绍了最得意的几例,如释"生缘"为"籍贯、出生地",释"露柱"为"四周显露的普通木柱",证据充分,义解圆该。作者接下来又考察了"同源词语"现象,如"徐六担板"、"担板汉"、"担板禅和",都出自"徐六担板,只见一边"的俗谚,比喻看法片面,固执己见;并讨论了禅宗的"同行词语"现象,即具有浓厚的口语色彩并有严格规定意义的词,如"把茅盖头"、"本色钳锤"、"白拈贼"、"咬猪狗手脚"、"老婆"、"葛藤",等等,具有禅宗内部同行约定俗成的特殊意义。关于口语词的历史演变,作者也有很好的见解,比如考证

---

[1] 邢东风《禅宗语言问题在禅宗研究中的位置》,《俗语言研究》第3期,1996年。

"不审"和"未审"的区别,认为在同时期一般文献中二者是同义语,意为不知道,而在禅籍中"不审"却是僧人的问候语,并进一步考证了"不审"由一般词语演变为禅宗同行词语的过程。在词义考释一节,作者特别指出,要注意辨析口语词的用例是一般意义还是同行词语的特殊意义。基于此,他在解释"眉须堕落"、"惜取眉毛"、"不惜眉毛"等同源词语时,特别注意它的禅典出处以及特殊意义,释为"言句不契禅法而遭受惩罚",纠正了自己在《禅宗著作词语汇释》里将"翠岩眉毛"解作"不惜花费心思"的错误。

第四章所讨论的口语语法,其实也是从作者擅长词语研究衍生而来,因此其重点不在句型,而在构词法,比如"打"、"是"、"生"、"那"、"去"、"去也"、"去在"、"似",等等,多为前缀、后缀、助词性质,与其他语词共同构成一种语法现象,如"打+单音动词"、"是+人称代词"、"动词+似"之类。本章还介绍了分别用"但"、"且"、"取"字表达祈使语气的三种句型;另外简述了"被"字句和"还"字句的时间和地域分布。本章最有新意的是作者大胆提出"同行语法"的新概念,即属于禅宗本行业的语法形式,对此,他举证了名词后缀"头"(如"饭头"、"园头"、"火头")、转折句型"不无"、祈使句式"……好"、"只如"式疑问句、"且置"式疑问句,等等。这种探讨,对于认识禅宗语言不同于一般白话口语的特殊性是有积极意义的。

关于本书,存在的问题大致有三点:一是在如何理解不合常规的禅宗语言的问题上,采用了"参究"的立场,而不是研究的立场,未能对禅宗语言作出合理的解释;二是没有明确回答"动作语"或"棒喝语"是否具有确定的意义;三是未能确定禅宗俗语的范围,未弄清禅语、口语和俗语三者之间的关系。另外,由于本书是普及性读物,因此对禅宗语言现象多局限于分类举例,如蜻蜓点水,如作者自己承认,"重在介绍,少作论证",这难免影响到它的学术性。

四、禅籍的普通语言学扫描
——张美兰《禅宗语言概论》
（台北五南图书出版公司,1998年）

作者在本书的引言里声称,旨在通过禅宗文化与禅宗语言之间的互相渗透、互相影响等诸方面的联系,考察禅宗语言的特性和规律,同时通过对禅宗语言表象的分析,揭示这个语言圈内的文化价值。不过,从全书的论述来看,"文化"二字实际上只是一种标签而已,各章节的主要内容还是属于普通语言学的范围。

全书共分四章,外加"附录"。

第一章"禅宗语言概论",作者首先回答了什么叫禅宗语言的问题,作了如下的基本定义:禅宗语言是一种"语录体"的白话文体;表达方式是问答对话体;主要内容是公案语。其次,作者对禅宗语言的特性作了简单的概括,认为禅宗语言一是具有"不可思议"性,这与禅宗非理性思维方式对其语言影响有关;二是具有粗俗性,这是因为以日常劳动、生活入禅理,而且大胆叛逆、呵佛骂祖的缘故。此外,作者还讨论了两种禅宗语言的特殊表达方式:一种是非言语表达手法,包括体势语和伴随语言两类,而体势语中又分为画圆相、动作语言、静默无言等三种"无言的体势语"以及棒喝、模仿动物叫声的"有言的体势语",伴随语言中又分为单音节表音词和多音节表音词两类。另一种是偈颂的表达手法,用偈颂来接引学人,悟道证体,参究话头,宣扬禅理。

本章大体涉及禅宗语言的各个方面,对禅宗语言的基本性质、特点和表现形式作了全景式的扫描,其中论述禅宗语言的"不可思议"性,在收集大量资料的基础上,总结出禅宗语言赋予无生命静止之物以生命,混同色彩、数量、时间、有无、种类之间的差异,将五官耳、鼻、眼、舌混同一体的各种"不可思议"现象。尤其是关于禅宗的体势语和伴随语言的分析,前人很少论及,显示出作者独特的眼光和细致的分析力,其借用"类语言"(paralanguage)的概念来说明禅宗对话中的伴随语言现象,较合理地解释了"有声非言"的非语言交际功能。关于禅宗粗俗语特性的形成,也有较准确的见解。不过,从诸如"禅宗信奉'梵我合一'、'我心即一切'的世界观"这样的论述来看,作者对禅宗文化的理解还较为肤浅,忽略了禅宗各派思想的复杂性,在谈及禅宗语言和禅宗文化的关系时,未免浮泛不实。如龟毛、兔角、石女等词语,本出自佛经,有其独特喻义,与禅宗自创的木马、泥牛等实有差别,作者一概而论,混淆了不同的宗教喻义。又如五官混同一体的"不可思议"性,实出自《楞严经》"六根互通"的思想,作者对此不甚了了,便只能归于"打破了精神世界物质世界的界限"之类套话。在分别两种体势语时,作者使用"无言"与"有言"的说法,也不准确,既然作者认为"非语言交际有一种是人发出的有声而无固定语义的'类语言',虽然有声音,但那是非语言的",那么体势语中的"无言"、"有言",就应该表述为"无声"、"有声"。更严格地说,"棒"与"喝"也有不同,前者无声,后者有声。

  本书接下来的三章,分别论述了禅宗语言的词汇、语法和修辞。鉴于作者本人语言学的素养,这三章的贡献更多地体现在禅籍语料的分析总结方面。

  在第二章关于禅宗语言词汇研究的概述中,作者承认其研究禅宗词汇的目的,是唐宋时期很多新的口语形式的语法结构、新的口语词和口语词义在禅宗语言中均有表现,有助于研究唐宋词汇。基于这样的立场,本章虽也关注禅宗俗语口语的禅味性,但似乎对纯粹语言学的词汇构成及其特点更感兴趣。作者分析了二十多条至今尚为人们熟悉的口语词,一一解释其在禅籍特定语境中的宗教含义,如将"一丝不挂"理解为"比喻超然洒脱,无牵无挂",大体合理可信。当然也有值得商榷处,如称禅语中"贫"、"赤穷"、"赤骨力"、"赤洒洒"其语义都和"一丝不挂"相同,恐怕就失于辨析。本章最值得称道处是关于词汇构成法的总结,如禅籍中常见词缀,有名词前缀"老",代词、名词前缀"阿",代词前缀"是",动词前缀"打",名词后缀"儿"、"头"、"子",代词、名词后缀"家",形容词、动词、疑问代词、副词后缀"生"以及"汉"字结构等十种。又如动量词,作者分为专用动量词和借用动量词两类,前者有回、度、番、遍、步、巡、通、下、上、顿、次、觉、窨、匝、遭、场、程、转、拜、著、出,共二十一个;后者有借用名词的动量词,如"二十挂杖"等,以及借用动词的动量词,如"一捆"等。此外,本章还列举了动词的叠用、"A(动词)不A"式、形容词AABB重叠式、数词的妙用、疑问代词、疑问副词、疑问语气词等词语构成法的问题。其中数词的妙用,总结出各种数字组合形式,饶有趣味。总体看来,作者对各种词语现象下了很大的功夫,分门别类,细致入微,为汉语词汇学研究提供了大量的禅籍佐证。不过,正因为作者醉心于词语形式的分类,多少忽略了形式相同的词语之间的宗教性质差异,比如"三玄三要",乃是禅宗临济宗的旨诀,"四大五蕴"是佛教名相,"五音六律"是音乐术语,均属专有名词,实在算不上数词的妙用。

第三章禅宗语言中的语法特点的介绍,是本书的重点,也是作者研究的强项。本章所介绍的八种句式,其实是按两条标准来划分的,一条标准是采用现代语法的分类,如否定句、否定的动补结构、疑问句式、特殊疑问句型、数字语、祈使句式；另一条标准却是依照禅宗传统的说法，如正说反说交叉回环的禅门三句、截断思路的一字语、绕路说禅句型。这两条标准的混合使用，显示出作者在处理语法分类时的犹豫不定，既想照顾现代语言学的原则，又想切合禅宗语言的特色，结果造成逻辑上的混乱。在按现代语法分类的句式的论述中，作者的思路非常明晰清楚，如疑问句式下分为是非问句、特指疑问句式、选择疑问句，在选择疑问句下又分并列选择问句和正反选择问句，而在正反选择问句下更分为"以肯定和否定形式并列以供选择"和"以语气词'未'、'不'、'否'、'无'、'么'收尾的问句"两类。有如生物学门、纲、目、科、属、种的分类，有条不紊，逻辑严密。除此之外，作者对禅宗语言中数字语如"一二三四五"、"五五二十五"之类的用法，也有很好的见解，一种出现在句首，属于"有声无义"，类似诗歌"兴"的功能，另一种是以数字语回答禅僧提问，以斩断对方思路。但是，在依照禅宗传统说法来划分的语法现象中，可见出作者对禅宗各派不同禅法的生疏隔膜，比如关于禅门三句和三关，各宗派理解和解释并不一样，这里将"否定、肯定、否定之否定"的回环"三句"与黄龙三关、兜率三关、汾阳三诀、大阳三句、临济三句等同起来，不仅混淆了各种三关、三句的概念，而且混淆了语法形式与禅宗境界的区别。又如"绕路说禅"，这是指禅宗整个语言表达法的原则，这里把它解释为"朝…暮…"、"南…北…"等几种对举的或正反义词组构成的句型，显然误解了"绕路说禅"的原义。

第四章简介了禅宗语言的修辞，包括夸张、呼告、语象、隐语、比喻、谐音、借义、字体释义说理等。夸张主要是为了突出禅的不可思议和不可言说。呼告是为了警告禅僧不要执著于某些教义。语象是一种绕路说禅的表示法，如用"哑子"表示有口难说，用"敲空"表示无法着力。隐语是指语言充满隐喻与象征的暗示。比喻包括明喻、暗喻,禅宗说法最常用。谐音是指利用同音字来斗机锋,如"寺即不住,住即不似"。借义是利用某字的其他义来斗机锋,其实就是双关,如"玄机",双关黑色织布机。字体释义说理是指借用汉字形体构造的特点来说明禅理,如"三点如流水,曲似刈禾镰",字形就是"心"字。本章关于隐语的定义似乎有些含糊,没有能和隐喻的概念区别开来。

本书有价值的部分还包括附录。这部分包括两方面的内容:其一,"禅宗语录《五灯会元》、《古尊宿语录》俗语汇录",一共收罗近四百条俗语词,按汉字笔顺加以排列,并标明出处页码,这为读者考察禅宗语料提供了方便;其二,"钱钟书《管锥编》有关禅宗语言论述辑录",共收罗三十四条,分为"阐释禅宗话头公案意象之源"、"阐释禅宗词语之源"、"引用禅宗语言阐释义理"三个细目。

《禅宗语言概论》首次对禅宗的各种语言现象作出全面的扫描,材料非常扎实,提供了大量禅语的例证,对语言现象的分类也颇有心得。虽然受制于佛教禅宗知识的欠缺,其讨论多限于罗列和介绍,显得琐碎,还缺乏深入的分析,但是提出不少问题,总结出很多现象,为后来的研究奠定了基础。

五、禅籍语法的系统定量定性分析
——张美兰《〈祖堂集〉语法研究》
(商务印书馆,2003年)

这是第一部系统研究《祖堂集》句法的专著,有较高的学术水平。此前学术界论文多侧重于《祖堂集》语法现象中的虚词研究,而本书则试图深入探讨《祖堂集》中新、旧语法现象交替兴衰的特点、一般句式、方言语法,并对《祖堂集》中的语法现象作出解释。全书正文共八章,分析了判断句、疑问句、祈使句、比拟句、动补结构句以及受事主语句、"将/把"字处置式、"被"字句等,填补了《祖堂集》句法研究的空白。

在研究方法上,作者首先注重校勘原文献底本,以求材料的可靠性。她把《景德传灯录》、《古尊宿语录》、《五灯会元》等禅籍和《祖堂集》中内容相关的部分相互比勘,校正了原本残缺漫漶的文字错误,在此基础上确定句读,为句法研究提供可靠的范本。附录一《高丽海印寺海东新开印版〈祖堂集〉校读札记》、附录五《〈祖堂集〉俗字校录勘误》、附录六《〈祖堂集〉俗别字研究》等,就是作者从事语法研究的前期成果。

其次是注意语法的系统性,考虑系统中各成员的互相依存、制约、影响以及新旧成员共存、消长的状况。如《祖堂集》中的判断句的表现方式,既有古汉语的遗留、中古佛经文献的影响,又有高丽人特殊的用法(高丽雕印本的小注中的判断句)。

再有就是比较方法的运用,作者把历时与共时、静态与动态的研究结合起来,除了描写《祖堂集》本身的句法之外,还将其与同时期书中同类语法现象进行比较,并上溯上古、中古阶段,下索近代后期、现代阶段,作大跨度的历史比较,涉及敦煌变文、唐五代诗词、晚唐五代笔记小说、金元文献、禅宗典籍等数十种。如第四章讨论《祖堂集》的比拟句式及其发展,作者考察了"若/如…然"、"似…者"等旧式与"如/若/似…相似/一般/许"等新式在唐五代文献、《祖堂集》、宋金元文献中的消长,揭示出比拟句发展的一般规律。

最有特点的方法是作者采用的穷尽调查后的定量定性分析,每一种句法现象,都调查有关句式的全部用例。比如疑问句式中疑问代词,作者统计出"谁"(109次)、"阿谁"(40例)、"孰"(仅2例)、"谁人"(11例)、"何人"(8例)、"什摩人"(71例),其他语法现象的统计莫不如此。除此之外,是关于这些定量的定性分析,以及其现象出现原因的解释。比如"云何"一词,《祖堂集》中有31例,作者根据卢烈红、遇笑容等学者的研究,得知汉魏六朝佛经多用"云何",极少用"如何",由此发现《祖堂集》中"云何"使用的情况集中于禅僧引用佛经的场合,而更多是大量使用"如何"。这无疑合理地解释了《祖堂集》中"云何"与"如何"新旧交替的状况。

值得特别指出的是,本书研究的对象是历史语言,却有意识地运用现代语言学的理论,在汉语史的研究中,这并不多见。比如对祈使句,作者试图从语用学角度分析,她借用塞尔(John R. Searle)的言语行为(total speech act)理论,把祈使句所表达的行为看作"施事行为"(illocutionary act)中的"指令行为"(directives),由此先考察《祖堂集》祈使句的语境,注意对话、上堂、教诲、示众等语境下听话者的情况,根据说话者(Speaker)的强制程度和听话者(Hearer)的意愿程度以及语力强弱程度,把祈使句分为几种类型,即由S强制程度由强到弱的语力级差排列:命令句/禁止句>请求句>希望句/劝诫句>商量句。又如讨论比拟句式,她将认知语言学"目的物"与"参照物"这一对范畴,进一步拓展到非物质空间意义上,指出比拟句式中的本体和喻体即是此种认知方式在语言使用上的反映。由此她结合语言历史演变的情况,解释了金元时期新的比拟结构短语形成的原因。又如对受事主语句,从语义的角度分析其特点,指出其不同于施事主语句的表达功能,并分析表使役的受事主语句和被动句的演变关系,也有一定的见地。

本书还采用了与方言研究相结合的方法，这在疑问句式的探讨方面表现得最充分。关于特殊形式的选择问"(K) VP那？作摩？"（如"何曾失却那？作摩？"）句式，作者通过调查发现，这种句式共七例，使用者中有五位在江西传教受法，于是推测这种句式是当时赣方言的一种反映。当然，在这方面作者还是很谨慎的，比如有学者统计《祖堂集》中反复问句使用的情况，认为有"V不"和"V也无"两大方言系统在起作用，并推测"V不"是北方方言，"V也无"是南方方言，《祖堂集》是操南方方言的人写成的，写作时参考了北方话的材料。本书作者则指出，"VP不"式问句的产生时间大大早于"VP也无"，在汉译佛经中已是相当成熟的句型，因此除了强调方言因素外，还应对比两大句式产生的时间先后层次。这种将地域与历史结合起来的考察语言的态度，是相当可取的。

　　然而，作为禅宗典籍的语言研究，本书也有不尽如人意的地方。概括来说，这是一本纯粹的普通汉语史语法著作，而称不上特殊的禅籍语法著作。禅宗语言的宗教因素基本被排除在作者视野之外，与《禅宗语言概论》相比，本书在技术手段上有了长足的进步，但在禅宗语言特殊性的把握方面，似乎反而有所倒退。尽管在探讨祈使句时，作者也试图考虑"语境"因素，但由于这些句式的例示都割裂了所涉及的禅宗思想史和禅师个人问题的上下文，因此对其语力强弱的划分未必准确。至于将祈使句的六种句子列为表，分"强制程度S：H"、"肯定＋/否定－"、"语气强弱"、"For S or H"等栏目，如请求句的各栏目指标是1：1，＋（－），一般，S，把生动活泼的禅语变为干巴巴的表格，就未免过于胶柱鼓瑟、削足适履了。可以说，本书虽有意借鉴语用学的理论，却并未能很好地与禅宗语言的实际情况相融合，这也算试图创新所付出的必要代价吧。

六、从语言与世界到存在与修辞
——周裕锴《禅宗语言》(浙江人民出版社,1999年;复旦大学出版社,2017年)

本书虽名为《禅宗语言》,但并非纯粹的语言学著作,而是涵盖了宗教学、哲学、文学、历史学、语言学等众多学科的内容。尤其是在将禅宗思想研究和禅宗语言研究相结合方面,作出了有益的尝试,在语言学界和佛教学界进行了一次较成功的跨学科探索。

作者注意到,自80年代以来,尽管禅宗思想和禅宗语言都成为当代学术研究的热点,并都取得可观的成果,但二者却基本处于相互隔绝、不相往来的状态。研究禅宗思想史的学者不去关注禅宗特有的语言现象,而语言学家则大多只是注意禅宗语言的唐宋口语的活化石性质,不仅漠视禅宗语言中蕴藏的宗教的或哲学的精神,甚至也不理会禅宗语言观念和语言实践的历时性变化。其结果是禅学几方面的研究,都没有达到令人满意的深度和广度。这是因为离开语言研究,无法真正理解禅宗宗教革命的意义;避开思想史研究,也无法准确理解禅语语法、词汇、修辞所特有的逻辑、涵义和功能。所以作者力图通过语言学和哲学、宗教学、历史学、文学的合作,把荒诞离奇的禅宗语言的真正意义揭示出来。

本书分为上、下两编,对古代禅宗文献语言(文本语言)进行了全面的、系统的、多角度的探索。上编"宗门语默",作者从语言哲学的视角重新审视和解读禅宗文献,借助当代西方话语理论,按照"语言与世界"的哲学性思路,考察了禅宗发展各阶段最能表达宗教体验的言说方式的演变过程,揭示出禅宗内部宗教改革实践和外部世俗文化因素两条坐标的影响。

上编共分六章，第一章"如来禅：禅与教的分途"，简述了早期禅宗依据的两部经书《楞伽经》和《金刚经》中关于个体心性的非言说性以及语言本体虚无的观点，指出"教外别传"是禅宗与其他佛教宗派争夺话语权力的理论武器。第二章"祖师禅：走下如来圣殿"，讨论了洪州禅宗教实践的世俗化与语言实践本土化同步出现的现象，即"平常心"出之以"平常语"，"日用事"配之以"日用话"；借用"存在即此在"的哲学观点合理解释了"普请"实践中禅问答的"直下即是"句型的深刻意义；同时讨论了中晚唐呵佛骂祖、离经慢教思潮造就禅宗语言进一步与佛典语言分离的现象。第三章"分灯禅：禅门宗风的确立"，考察了晚唐五代禅门五宗各自的语言状况，分析了截断言路的棒喝、应接学人的机锋、指示门径的旨诀、立象尽意的圆相、示道启悟的作势、明心见性的偈颂等语言的和非语言的表达形式，并指出各家语言的某种程式化倾向，如"四料简"、"四照用"、"三玄三要"、"五位君臣"，等等，参禅类似入伙，俗语渐成行话。第四章"公案禅：阐释时代的开始"，分别论述了宋代大量出现的记载祖师言行的语录、灯录，评说前辈典刑的代语、别语、拈古、颂古，以及训释机缘颂古的著语评唱等文本形式，并指出在禅宗语言经典化、文本化过程中禅宗队伍文化素质的提高和印刷业的进步两个因素所起的作用。第五章"文字禅：禅宗语言与文化整合"，讨论了北宋儒释相通、禅教合一、诗禅相融的现象，将"文字禅"看作禅宗内部一次在文化史上颇有意义的"语言学转向"。语言文字不仅仅是运载思想的工具，而其本身就可成为参禅的对象，所谓"一切语言文字皆解脱相"。禅宗语录的口语形态为儒者提供了理想的说教形式，禅宗典籍为诗人提供了全新的语言资源，禅宗话头为批评家提供了全新的概念和术语。第六章"默照禅与看话禅：走向前语言状态"，认为南宋初出现的默照禅和看话禅虽在修行方式上有很大差异，但在强调宗教实践性、抵制禅的文字形式化方面颇有共同之处，指出默照禅是一种语言虚无主义的禅，看话禅则是一种语言解构主义的禅，都是对文字禅的否定。

由于采取"顺着讲"（遵循禅宗发展的历史事实来叙述）与"倒着讲"（按照灯录所载祖师语言风格的演化轨迹来阐释）相结合的方式，作者对整个禅宗的语言观和语言实践的演变历程，作出了科学而详尽的说明。

下编"葛藤闲话"，则依循"存在与修辞"的思路，从共时性的角度研究了禅宗语言的各种形态，揭示出禅宗语言独特的概念结构和可理解的意义。由于把禅宗语言看作一种特殊存在方式的体现，作者摒弃了禅学研究中"去逻辑化"的神秘倾向，通过"知识的考古"，破译了不少稀奇古怪而又荒诞玄妙的禅语密码，科学地阐释了禅史中的奇特公案在禅学上的价值。

下编共分七章，第一章"拈花指月：禅语的象征性"，探讨了动作语、棒喝语以及特殊场景中动作和语句所包含的意义，指出用暗示象征来代替言说阐释，这正是禅宗"指月"与佛教"话月"的区别之所在。第二章"绕路说禅：禅语的隐晦性"，分析了禅宗各家所常采用的"遮诠"表达方式以及隐语、玄言、行话等由特殊的修辞手法造成的隐晦语言。第三章"反常合道：禅语的乖谬性"，讨论了有语言的形式而无语言的指义功能的"活句"、有意乖违现实生活经验常理的"格外句"以及问与答之间矛盾对立的"反语"，指出这是禅宗有意用背离常规的言句来夸大语言的荒谬性和虚幻性，使参禅者从对语言的迷恋中醒悟过来，从而直契本体。而有些言句则在看似悖谬矛盾的陈述中表现了一种"形而上的真实"。第四章"打诨通禅：禅语的游戏性"，探讨了佛教"游戏三昧"的解脱法门在言说形式上的表现，即源于洪州禅、形成于北宋的轻松自在、随心所欲的诙谐幽默的语言风格,考察了逢场作戏的禅语与打诨的参军戏之间表现形式的共通性,同时考察了"文字禅"风行后禅宗内部俳谐文字流行的情况。第五章"老婆心切:禅语的通俗性",分析了禅宗典籍的俗语言色彩,如口语、谚语、歇后语、白话诗,等等,揭示出这种俗语言风格形成的社会原因。第六章"点铁成金:禅语的递创性",鉴于禅语作为一种语言系统所具有的稳定性,作者探讨了禅师对待约定俗成的"言"所采用的几种策略,即用否定语势颠覆前人言句的"翻案法",改造、翻新、提升凡言和陈言的"点化法"以及引用诗人名句来谈禅说理的"借用法",用递创性的语言来表达原创性的思想。第七章"看风使帆:禅语的随机性",这其实讨论的是不同时期、不同语境下禅语风格的多元性问题,包括农禅语境下的鄙语粗话、市民文化语境下的艳词绮语以及山居隐逸背景下的清音远韵。值得注意的是,作者特别揭示出禅宗以粗鄙为本色的话语态势,即解构经典,颠覆权威,面向平民,贴近生活,任情率意,大胆出格。

在讨论具体的语言现象时,本书有一个显著的特色,即并不是像传统的语文学研究那样,仅仅局限于语词的阐释,而是将重心放在解释禅宗僧侣们所使用的反常的言说方式上,从而破除了宗教语言和行业语言的神秘性,消融了它们带给读者的文化隔膜。应该说,这是本书的重要贡献之一。当然这并不意味着本书完全抛弃了传统的语言研究方法,如下编第五章关于禅籍俗语言口语、俗谚、歇后语的考证,作者在充分借鉴前人成果的基础之上,又作出不少修正,如释"手脚"的本意是"手段","掠虚"乃"据实"的反义词,补正于谷《禅宗语言和文献》中所释不确之词,都颇见新意,言之成理,显示出作者在传统语文学方面的造诣。

针对语言学界把禅籍当作口语化石的倾向,本书特别指出禅籍语言和其他敦煌文书俗语言的区别,认为禅宗语言的价值不仅在于提供了唐宋俗语言资料,更在于创造了一种不同于中国传统典籍包括佛教典籍的言说方式。对于一个读者来说,即使弄清了每个字词的含义,仍可能对文本的意义一无所知。因为这些障碍不仅来自神秘的禅理佛法、模糊的语言环境,也来自超常的象征譬喻、奇特的诡谲修辞以及怪异的姿势动作。在貌似日常经验的描述中,可能就隐含着对禅经验的摹写;同时在极为荒诞的对话中,可能又表现了极为浅显的道理。因此,禅宗语言研究的任务,就不只在于俗字、俗词的考证,也在于如何通过论证存在方式与话语选择方式的关系,以及宗教实践与修辞现象的关系,尽可能破译奇特怪诞的禅语密码,走出禅籍布下的语言迷宫。本书对禅宗公案的解读作出不少有益的尝试,如"俱胝和尚断指"、"南泉斩猫"、"胜光镢断蚯蚓"、"赵州吃茶去",等等,都能发人深省而领悟禅机。

本书的多角度视野还体现在借用西方理论来阐释禅宗语言现象方面,如论禅宗师徒间问答时,弟子问彼岸世界的终极问题,而禅师答之以此岸世界日常生活中的禅理,作者借用了海德格尔"存在即此在"来作阐释,使人更易领悟。而以此思路来解释禅宗关于"如何是道"的问话与"道在目前"的种种回答,也就颇具说服力,破除了传统的神秘玄虚的说法。又如指出公案机锋问答的循环往复方式暗合狄尔泰所谓"阐释的循环";论禅语的乖谬性,指出"格外谈"和"反语形式"分别类似西方古修辞学的"不可能事物喻"和"反讽",都有一定见地。

应该承认,本书虽然试图透过宗门方语的演变,使读者"不仅能得到一部较为完备的中古汉语史,尤其是中古汉语口语史,而且能窥见唐宋时期中华民族的生存状态史以及文化变迁史",但这一目的并未完全达到。本书将汉译佛经语言视为与禅宗语言的"农禅话语系统"相对立的"印度话语系统",表述也不够准确严密。本书有些公案的解释也值得商榷,如对"扬眉瞬目"是洪州宗"作用即性"思想的表现,就缺乏应有的认识。此外,本书研究禅宗语言多是从修辞学的角度出发,而对具体的句式、词性虽有涉及,却缺乏进一步的分析,因此从语言学的要求来看,就显得单薄一些。

七、语言的思想史意义探寻
——龚隽《禅史钩沉:以问题为中心的思想史论述》
(生活·读书·新知三联书店,2006年)

也许将一部讨论禅思想史写作问题的专著放到禅宗语言研究典范中来介绍有点不合时宜,但是鉴于本书所具备的强烈的问题意识和方法论自觉以及有关禅宗语言与意义的若干论述,我们没有理由不向有志于禅语研究的读者大力推荐。

本书在方法论上有个鲜明的特色,就是借用西方哲学的各种理论尤其是后现代主义理论来解释中国禅学问题。作者把汉语语境的禅哲学解释分为两种类型:一种是传统心性论构架的解释,另一种是以西方哲学为背景的"洋格义"。而他显然更提倡后者,即在东西方双重脉络下应用哲学观念进行会通解释禅的思想方法,甚至认为"缺乏现代格义的禅学解释要么是毫无信息内容的'复述',要么本身就可能变得不可理喻"。在汉语语境的禅史写作中,以历史文献为主而辅以必要思想解释的研究范式以及"训诂明而后义理明"的价值信念处于决定性的地位,作者对此提出强烈的怀疑和批判,主张关注禅史中的非连续性问题,关注语言与意义的非对应性问题,关注禅宗语言的"修辞性"问题。而其中关于语言的思想史意义的探寻,对于我们思考禅宗语言有若干方法论上的启示。

作者在"导论"里引用宋僧惠洪的一段话:"宗门有四种藏锋,

初曰就理；次曰就事；至于理事俱藏，则曰入就；俱不涉理事，则曰出就。"然后分析说："'出就'才能显示禅师活用语言的超脱手眼，它意在圻解一般语言在文字与意义之间建立的严格的对称效应。对禅的语义学分析，应区分为'涵义'（meaning）与'意义'（significance）的双重层次。从其'就理'、'就事'和'入就'的一面看，可以通过文本的语言学分析来切近它的所指（meaning）；而就其'出就'的一面说，则必须超越于meaning或语言的所指而指向更神秘的significance。因此，对于禅宗的'道'而言，单纯的文献学考证和语言文字学的分析是难以凑泊的。"这无疑提醒研究禅籍语言的学者，在致力探究其"涵义"的同时，多思考一下隐藏在后面的"意义"；在相信"语言是思想的载体"的同时，多思考一下宗教思想与语言之间非对称效应的特殊性。但作者并不赞同那种把凡是不能还原成以普遍经验为基础的思想命题都视为虚妄或没有意义的观念，而是认为正是禅经验的某种不可描述性，语言对于不可思议者之思议，不可言说者之言说，才有了某种积极的意义，由此深刻地揭示了"遮诠"这一言说方式在保持"不可说"的具有神秘和超验性质的存在的功能。

禅宗的语言观是本书关注的问题之一，在若干章节里都或多或少有所涉及。如第一章讨论中国禅的"反智主义"，作者考察了自达摩以来的楞伽禅"方便通经"、"藉教悟宗"的禅法，指出其对于《楞伽经》的抉择并未重视言说方便和分别智的一面，而是倾向于心法默契和离言会宗的弘传，其结果是引归到不立文字的反智主义立场。但另一方面，"藉教悟宗"毕竟在第二义或方便的意义上为后世禅者会通经教或文字的合理性提供了空间。这样，从"印度禅"到"中国禅"，断裂式的发展背后仍然有着某种意义的延续，石头的"承言会宗"，圭峰的"以教照心"，法眼的"句意合机"以及宋代的"文字禅",无不是印度禅的微言不绝。这种观点不同于学界过分强调禅宗迥异于印度佛教的倾向,对于如何正确看待禅宗语言与佛经语言的关系是很有帮助的。如第三章讨论《肇论》思想与石头宗的关联,作者注意到学界对《肇论》"格义"的批评,有"趋向同质的统一,而轻视异质"的误解,指出僧肇应用老、庄、玄的语词,甚至某些相似的命题,而其实是"寄名谈实"、"名同实异"的转借,在这里,语词虽是关联的,意义却是迥异的;并进一步借用西方学者的观点,指出应考虑僧肇使用老庄语的修辞性质,在文本的内在脉络和特殊场景中去考虑词的"意义进化"。这一观点对于理解禅宗公案中语词的关联和意义的断裂也多有启发。又如第五章讨论佛教史上经师和禅师"方便通经"的差异,首先分析了经师注经的两类方式,一种是重视文字、名相训诂的"寻文比句"的注经,另一种是"专论大义,不讲文句"的玄论。经师们的意见大抵是,宗教的最终经验虽不可传,但只是就"心理的不可传达"而言,并不是指"语言的不可传达"。至于禅师的通经,则不是关心经典中的含义,而是关心如何用经典来"行事"(performative),即经典更多的是作为具有"护符效应"的"合法性象征"。换言之,禅师通经具有强烈的"修辞倾向",如《楞伽经》和《金刚经》就很难从顿渐的意义上去分判,只是在禅师的使用中修辞化为两种对立场的"符号"。这些看法都非常深刻。

  本书对禅宗语言哲学较集中的讨论是在第七章"宋代'文字禅'的语言世界"。作者注意到中国学界比较有问题意识和诠释意味的禅宗语言问题讨论,都有把禅宗语言观与维特根斯坦、海德格尔等人的哲学进行"格义"的倾向,他认为问题不在于"格义"方法本身的合法性,而在于它是否恰当。所以他对于如何照顾到禅宗文本的历史脉络和禅宗语言中那些还不能纳入西方哲学叙述中的问题,持一种谨慎的态度。在本章中，作者致力于考察尚未被禅学界注意的禅语言典范——宋代的"文字禅"的思想史意义。他首先辨析了禅宗历史上的两种口传的法流：一种是早期禅（达摩到六祖）"方便通经"的传统，另一种是经典禅（唐代禅宗）"语录"的传统，后者更随意和日常化，但意义更不易揣摩。更重要的是，"语录"的口传方式改变了早期禅的言谈方式，即由祖师言说弟子倾听的形式改变为双方参与的新的对话形式。因此，这种机缘与潜藏在言说背后的深义和洞见，必须经由具体的语境和脉络中才可能解释出来。接着他讨论了"文字禅"的书写和修辞，考察唐禅中的口传性的话语如何被宋僧书写化，而这种书写化又有何意义。由于书写不可能真正完整记录口语情景中发生的事件，但禅宗的书写又用文学的叙事技巧表现了机缘问答的戏剧性，因此我们不能仅仅把宋代"文字禅"运动理解为一次简单的由口传到书写的传道形式的转移，把他们的写作看作是唐代机缘话语的实录和保存，而应充分考虑在这些书写的历史叙述中所普遍隐藏的一种修辞结构。作者还考察了宋代禅师应对禅宗反语言主义传统的策略，诸如"用语言做事"、"因言遣言"、"默即言说"等观点，并深刻指出，在"文字禅"中，静默的语言技巧是在言谈脉络里产生作用的，静默意味着转化为另一种符号。由此，作者进一步讨论了文字禅的形式之一"颂古"所具有的隐喻性的语言。我们注意到，作者在本书中反复提及禅宗语言的"修辞性"问题，这个概念与普通语言学的修辞有所不同，它来自西方"话语"理论，指禅宗在运用语言时的一种策略。而这一概念的提出，对我们更好地理解禅语性质是大有裨益的。

最值得禅宗语言研究者警惕的是作者在本书"附录"里的告诫："对文本的意义解读当然不能离开文字训释，但文字明是否一定达至意义明，并能实现正诂（规范的解释），这就不无疑问了。好比认得药方上的字,未必表明理解了药方的用法。语言文字学研究把重心放在语言的形式和结构上,往往忽视作为说话行为的语言的实际生活、交往过程,即对话式的性质。……如果把意义的理解简单化约为语词的分析,并认为这些语词有精确的意义,可以完全实现'以汉还汉,以唐还唐'的客观理念,而不试图去理解语言说出的东西所构造我们生活于其中的世界,这一看法显然是非常危险的。"

本书通过对西方禅学的批判吸收,客观上介绍了大量西方后现代理论以及各种语言哲学的观点方法,对于我们了解当代东西方禅学包括禅宗语言研究的进境及困境,开拓学术视野,有较大的参考价值。

八、从句法修辞中理解禅的精神
——入矢义高《禅语谈片》(《俗语言研究》第3期,1996年)

本文由八个小谈片组成,各自独立,又相互联系,展现了入矢义高特有的生动活泼的风格。

第一条"禅味"。作者批评日本禅学界解释公案时禅味太重。他举一则公案为例:僧问云门:"如何是清净法身?"云门答曰:"花药栏。"禅门一般说法是"花药栏"指厕所除臭而栽的木犀、木槿之类的树篱。作者认为,这种解释就是预先设定的以"不净对净"的套路。他考证,"花药栏"本指绕栏种植的芍药,是华丽的观赏花,可从另一则公案的"见庭前花药栏"而知道它根本与厕所无关。由此,他提出自己的解释方法,首先从确认"花药栏"的语义以及它表现的实物入手,而不取一切先入之见、固定模式和随意曲解。以此类推,作者根据永明延寿的《宗镜录》发现禅门"偏重遮非之词,不见圆常之理"的弊习由来已久。

第二条"语录的修辞"。作者提醒说,在中国的唐宋时代,如"这个"、"什么"、"作么生"等语,不论是僧界还是俗世,都曾普遍使用。如果不注意这些是普通词语,就会曲解词意或节外生枝。他批评那种将文字言说视为枝叶末节的看法,认为"大凡读书,必须首先正确地读通原文,这是不辨自明的道理"。如关于"对众证据看",他举唐代"…看"和"试…看"的祈使句用法,纠正了过去错误的句读。他还注意语言的文体,音调的对应关系,如"万法无生"是"仄仄平平","心如幻化"是"平平仄仄",因此这八个字不能断为不相属的两句。

第三条"'只没'和'与没'",作者讨论了铃木大拙关于"只没禅"的创造性造语法,一方面称赞其把学问的实证性和自身从禅经验得来的智慧,作了令人不可思议的调和,另一方面又站在语言学的立场,认为"只没"不能作为修饰名词"禅"的形容词。他指出,"只没"是修饰谓语的副词,这个词表义的仅有"只"字,"没"是无意义的词尾,其文字表记还可写作"只摩"、"只麼"、"只勿"等。"与没"构词与此相同。"与没"词义是"那样"或"这样"。他推论说,"与"在唐代和"若"或"如"的字音十分接近,所以和"若"、"如"同义。"与没"有时写作"异没"、"伊没"、"熠没"、"熠麼",五代以后变为"恁麼"。而日本禅家中有人把"与麼"和"恁麼"当作疑问词,与"甚麼"同解,那是错误的。

第四条"即"。作者提醒读黄檗的《传心法要》,要注意揣摩记录者裴休的文学表现力,比如表示"如果"这样的假定意义时,裴休能根据不同场合的说话内容和语气,分别使用"若也"、"忽若"、"可中"以传其微言妙旨。作者讨论了这段语录中的禅的理论和修辞特点。问答的主题为"即心是佛"。作者指出,"即"字具有规定、强调立论主题的作用,在语法上,它总是被放在表现主格的名词前面。把"即心"正确译为现代口语,应该是"心这个东西本身",或"不是别的,就是心"。他进一步分析,"就是心"和"心的本来状态"并不一样,但中文的"即"常把两种意思混用。因此,黄檗语录问答中的"即那个心"就同时具有两种含义。通过层层辨析,作者令人信服地说明了黄檗说话的机巧。

第五条"是你"。这节讨论《临济录》中反复出现的"是你…"一语,认为显示的不仅是临济修辞的特色,同时也显示了临济禅本质的某种特色。比如"是你如今与么听法底人",意思就是"不是别人,就是你现在这样听法的人"。"你"既表单数,也表复数。"是"字不表判断,而是起强调作用。临济反复使用"是你"——"是甚么"——"是你"——"是这个",乃体现了一种强烈的主体精神,"我们自己的肉体凡胎、鲜活生命本来就是'无依道人'"。作者指出,"是你"这种用法,在中唐禅录中开始流行,而在唐末已显示出某种定型化的倾向,因而有些出格的禅师力图打破这种模式。

第六条"在"。作者讨论的不是普通表示存在的动词,而是用于句末的"在",中文语法称之为(句终词的)助词。这种用法在助词中非常罕见且奇特,但在禅籍里频繁出现。作者举唐宋禅籍说明,这些"在"其自身全无意义,不论是肯定还是否定,它所起的作用仅是加强句子整体判断性语气,即所谓"强辞",可把它看作代替感叹号"!"的助词。这个"在"是口语的助词,不是文言。作者批评吕叔湘《释〈景德传灯录〉中"在"、"著"二助词》一文中的疏漏和误解,指出:第一,这种"在"的用例在8世纪初始见于文献,但其后长时间踪影全无,直到接近9世纪又突然在禅录的对话部分开始频频露面,而吕文忽视了8世纪初如《游仙窟》和杜甫诗的用例;第二,9世纪以后的俗讲中没有这个"在"的痕迹,8世纪后半关于早期达摩禅及神会禅的资料也没有这个字,它只出现在禅录问答的口语中。宋儒语录中也往往可见,但到元代突然销声匿迹。

第七条"无多子"。这节讨论了临济所说"元来黄檗佛法无多子"一句的意思。作者认为"无多子"这个词本身并不包含价值判断,意思就是完全没有什么多余的东西,因此不能解释为"没有什么了不起的"、"谈不上有什么惊人之处"。作者列举了云居和尚、本净和尚、赵州和尚的话,说明"无多子"就是"无多事"的意思,也就是临济从黄檗那里体会到的"平常无事"的生活态度。

第八条"佛典的汉文和禅录的汉文"。这节作者要说明的是,在中国语言里,思想和文体这两者的关系基本上是不即不离,要充分理解一篇文章说的是什么,还必须同时注意它是怎么说的,也就是表达的问题。作者比较汉译佛典和禅宗文献,认为即使如鸠摩罗什很高明的佛典汉译,那种无视汉语规范的直译体句法、节奏紊乱、韵律不谐的修辞也令人吃惊。而禅宗语言不论是问答还是说法,使用的都是标准的中文,可以说破格的句法、异样的修辞极为罕见。作者纠正了我们认为禅宗语言与普通汉语、汉语文不同且异质的错觉。

九、循语言逻辑以探思想脉络
——小川隆《西来无意——禅宗与佛教本土化》
（中国人民大学"第二届中日佛学会议"论文）

学术界讨论佛教本土化的文章很多,但少有人关注唐宋禅僧对此问题的看法。本文认为,本土化的最终形态就是佛教的非外来化,只有当中国僧侣由衷地相信中国本来就有佛教而非"西天"传过来之时,才能说佛教已经完全本土化。与以前学界视中国禅宗为一个整体来笼统分析的方法不同,本文不仅比较了唐代禅宗和宋代禅宗在关于"祖师西来意"的认识上的差异,而且始终坚持从文本细节的理解与诠释入手来揭示唐宋禅思想的具体内容。

禅宗公案的语言,向来以毫无逻辑著称,本文却从"如何是祖师西来意"的五花八门的回答中,找到了一个共同答案,即马祖所说达摩西来传心法的目的是让人"各信自心是佛,此心即是佛心"。黄檗等人的说法也证明"祖师西来意"就是直指"即心是佛"之事。"即心是佛"并非理论上的口号,而是自己本身具有的"事实",所以问他人是得不到答案的,应该问自己。这就是为什么在面对"如何是祖师西来意"的提问时,禅师会回答"何不问自己意"、"即今是什么意"、"即今事作么生"、"自己分上作么生"的原因。反过来说,达摩并没带来什么新东西,在他之前中国早有"西来意"。所以禅师会说"达摩不来东土,二祖不往西天"之类的话头。于是,一系列禅问答都可从这个答案中得到合理的解释。

本文进一步讨论了"西来无意"与"即心是佛"的关系。作者发现大梅法常始终坚持马祖教导的"即心即佛"的立场,而在回答"如何是祖师西来意"时,其答案是"西来无意"。这从临济义玄"若有意,自救不了"的回答中也可得到证明,因为"西来意"就是认清"即心是佛",重新发现原有的自己;反过来说,除了原有的自己,并没有什么"西来意"可得。所以"西来意"和"西来无意"都能表示"即心即佛"的含义,只是一种是正面的表达,另一种是反面的表达。

按照这一逻辑推理,本文论证了唐代禅宗"即心是佛"的内涵之一"平常无事"。临济义玄在解释"西来无意"的内涵时说:"知身心与祖佛不别,当下无事。"作者解释道,因为现成的自己本来就与"祖佛不别",所以对自己的身心不要进行任何加工改造,只要"当下无事"。作者分析了马祖系禅师如大珠慧海、临济义玄对"无事"

的阐说，即"屙屎送尿，着衣吃饭，困来即卧"这种普通"平常无事"的生活才是"祖师西来意"的具体表现，而"西来"的"祖师意"在此已经成了此土众生日常生活的别名。作者将以上论述化为一个公式，即"西来意＝即心是佛＝西来无意＝平常无事"，并指出佛教至此已是彻底地非外来化了。

　　作者认为，本土化的终点并不是思想发展的归宿。在宋代，唐代禅宗的"西来意"公式受到了批评。圆悟克勤在《碧岩录》里对大梅法常的"西来无意"公案作了重新解读："只如这僧问祖师西来意，却向他道西来无意。尔若恁么会，堕在无事界里。"作者解释说，圆悟的意思是，如果把"西来无意"按照字面意思去理解的话，就难免堕进"无事"框里。在这里，"无事"不再是理想境界，"西来无意"也成了"活句"。作者举例说，在另一则公案里圆悟批评的"那里有许多事？寒则向火，热则乘凉。饥则吃饭，困则打眠"的妄见，正是唐代禅宗式的自然而然的"无事"。圆悟认为达摩的宗旨是要求学人"二六时中，念念不舍，要明此事"，与"无事"相反。圆悟说："也须是大彻大悟了，依旧山是山水是水，乃至一切万法悉皆成现，方始作个无事底人。"这叫做"悟了还同未悟时"。由此作者总结出宋禅的圆形修道模式："未悟（0度）→悟了（180度）→还同未悟时（360度）"，或"无事（0度）→大彻大悟（180度）→无事（360度）"，或"山是山，水是水（0度）→唤天作地，唤山作水（180度）→依旧山是山，水是水（360度）"。这一模式可以解释很多宋代禅师的相似言论。作者最后指出，与唐代相反，"祖师西来意"在宋代成了"无事"的反义词，"大彻大悟"的同义词。这不仅是一个词语含义的变化，也表示着无条件地承认现有的自己的唐代禅宗，已转换成打破现有自己而追求开悟的宋代禅宗。

　　本文在他人视为荒谬的禅宗公案问答中，通过词语的上下文的关系的分析以及同时期相同用例的比勘，揭示出看似矛盾背反的答语中所蕴藏的思想史的逻辑。本文的启示意义在于，禅宗语录并非逻辑分析的禁地，语义学的方法仍可施展身手；祖师的问答并非只是语言的游戏，其中也包含着思想史的问题与答案。本文也令人信服地说明，禅宗发展到宋代，思想史的进境远未结束，这对学界轻视宋代禅宗思想的偏见，无疑是有力的针砭。从禅宗语言研究的角度说，本文提供了一个如何通过文本细读和词语分析寻绎禅语录思想脉络和意义的良好范本。

十、禅的语用法则的阐释
——霍韬晦《禅的语言——兼与维根斯坦的语言哲学比较》
（《禅学研究》第6辑，江苏人民出版社，2006年）

维根斯坦（Ludwig Wittgenstein，通行译作"维特根斯坦"）的语言哲学理论常常被新近学界当作与禅宗语言哲学进行"格义"的对象，但与一般相对生硬的比附不同，本文作者对禅宗和维氏语用法则的区别自有其来自宗教立场的洞见。

按照日常语言学派的观点，禅宗语言违反了语言的日常用法，不能看作是可以使用的沟通工具。作者反驳说，这种把语言局限于日常生活的客观沟通的观点，是收窄了语言的性质和功能，语言固然是沟通的工具，但不必严格规限它的用法与形式。因为人有怎样的思维，就有怎样的语言。对于禅宗来说，语言不但是沟通的工具，更是启发、提升对方的思维层次的工具，所以不是表意问题，而是接引、启发问题。对于禅语言不要从日常用法或表面意思来思考，否则很容易错会。

接下来，作者讨论了西方关于语言如何传递意义的两种解释：

第一种是"指称论",认为语言指称着某个客观对象,人们通过语言来了解客观世界;第二种是"用法论",即维根斯坦的"语言游戏论",认为语言的意义在其用法,而不在于它能指称对象,要在其使用的过程中、脉络中、情境中去理解。由于语言是沟通交流的工具,并且已先于使用者存在,所以使用语言要遵守规则。没有私人语言(private language),只有共通的日常语言(ordinary language)。语言的使用者通过规则与他人交流,但如同做游戏一样,发现规则不够妥善,便共同修改遵守。规则与规则之间没有绝对的相同,只有相似,叫做"家族类似"(family resemblance)。人们在这种家族类似的方式下进行沟通。作者认为,维氏的语言哲学走到最后是改变了客观主义与本质主义的思考,变成语言的使用决定其内涵与外延,承认语言的多变性与随宜性。禅的语言可从维氏的用法论中得到印证。

作者比较了禅宗的"不立文字"和维氏所言"凡不可说者,便须沉默"的异同,认为倘若维氏暗示形而上学不可以言语表述,只能直接感悟,那只是替语言划界,而不是替形而上学划界。就禅宗而言,它要处理的不是语言这一工具的有效范围延伸到哪里的问题,不是语言能不能表示形上世界或本体世界,要不要遵守日常的使用规则的问题,禅宗要问的是如何使求道者开悟,只要能达此目的,任何方法皆可使用,不限于语言这一工具,还可包括动作、表情、音声、诗歌和一切其他可用的道具。作者特别强调禅宗语言不在于沟通和传递,而在于打开悟的入路。禅宗对语言的定位只是在其可使用性,是随宜的、偶然的,目的是借以显示或指向从未到达的经验和境界。

康德将人的认识能力限定于现象界中,维根斯坦进一步为语言划界,认为语言不能表述本体界的实在,面对实在,语言只能沉默。

作者认为，反过来正因为语言不能表述存有，不能指称悟境，所以可从反面成全存有，到达悟境。他举一则公案，庞居士初问石头和尚："不与万法为侣者，是甚么人？"石头以手掩口，庞"豁然有省"；再问马祖，马祖回一句："待汝一口吸尽西江水，即向汝道。"庞顿然大悟。这就是反面成全：经过否定，经过拒绝，思想反而得到解放。作者由此总结，禅宗语言的使用，是引导对方思维的入路，是一种不依平常教学方式的教学，不依日常语言规则而另有规则的语言。但有一点与维氏相同，即替语言划界，如有人问："如何是第一义？"法眼禅师答："我向汝道是第二义。"

作者认为禅宗语言并非毫无意义的只表达恒真形式的"分析语句"（analytic sentence）或只表达恒假形式的"矛盾语句"（contradictory sentence），假若有意义，就不能是完全"私人"的独白和个人密码，因此至少在禅师与学人两人之间有共同法则。但这法则事前双方未经订约，所以常有会错意之事。关于错会，作者并不愿像维氏那样建议禅师修改语言用法以求双方一致，他指出，禅与维氏所说不同，虽然"语言的意义就是它的用法"，但用法的准则不能只归结于日常生活。作者依据维氏的语言游戏论提出，语言的用法有其生活来源或文化来源，不同的文化有不同的用法，禅宗师弟二人之间的交涉，与其修养和已接受的文化这一前提相关。如"一花一世界，一叶一乾坤"，就不同于日常语言的规则。

作者发现禅的语言的两难困境，即若无法则，那么双方的接头就不可能；若有法则，就会为法则所困，失去创造。所以圆悟禅师说："大用现前，不存轨则。"作者自己体会，禅的关键不在语言的用法、脉络、情境、意义，或隐藏的规则，而在于学者能否即时相契的问题，若从分析的立场去看禅的语言，难免错会。作者指出，禅一方面有其规则，并非独语，但另一方面又不知其所定规则为何。

禅的语言只是假借，不是真的拿来实用，一般研究语言者便犯了以指代月的错误。所以禅师的语言，只是当下有效，事过境迁，是一种"没有法则的法则"。

由此，作者讨论了禅宗标榜的"声前一句"和"活杀自在"，即禅师在语言使用方面的自在性和创造性，如关于"如何是佛"之类的问题，答案千变万化，只因人、事、机、境都不同，教应各异，都由禅师的创造心灵直出；又如云门的一字禅，有无比威力，就不受维根斯坦所说"词语必须放在句子中才有意义"的观点的局限。

总而言之，本文站在教示和禅悟的立场来讨论禅宗的语用问题，多少带有铃木大拙禅学的影子，虽表述尚缺乏严谨的逻辑，但整体思路和脉络较为清楚，可视为宗教界讨论禅宗语言哲学问题较有代表性的论文。

第四章 ● 参考文献

一、禅宗典籍

《镇州临济慧照禅师语录》,(唐)慧然集,《大正新修大藏经》第47册。

《筠州洞山悟本禅师语录》,[日]慧印校,《大正新修大藏经》第47册。

《瑞州洞山良价禅师语录》,(明)语风圆信、郭凝之编,《大正新修大藏经》第47册。

《抚州曹山元证禅师语录》,[日]慧印校,《大正新修大藏经》第47册。

《抚州曹山本寂禅师语录》,[日]玄契编,《大正新修大藏经》第47册。

《云门匡真禅师广录》,(宋)守坚集,《大正新修大藏经》第

47册。

《潭州沩山灵祐禅师语录》，（明）语风圆信、郭凝之编，《大正新修大藏经》第47册。

《袁州仰山慧寂禅师语录》，（明）语风圆信、郭凝之编，《大正新修大藏经》第47册。

《金陵清凉院文益禅师语录》，（明）语风圆信、郭凝之编，《大正新修大藏经》第47册。

《汾阳无德禅师语录》，（宋）楚圆集，《大正新修大藏经》第47册。

《黄龙慧南禅师语录》，（宋）惠泉集，《大正新修大藏经》第47册。

《黄龙慧南禅师语录续补》，[日]东晙辑，《大正新修大藏经》第47册。

《杨岐方会和尚语录》，（宋）仁勇等编，《大正新修大藏经》第47册。

《杨岐方会和尚后录》，不著撰人，《大正新修大藏经》第47册。

《法演禅师语录》，（宋）才良等编，《大正新修大藏经》第47册。

《明觉禅师语录》，（宋）惟盖竺编，《大正新修大藏经》第47册。

《圆悟佛果禅师语录》，（宋）绍隆等编，《大正新修大藏经》第47册。

《大慧普觉禅师语录》，（宋）蕴闻编，《大正新修大藏经》第47册。

《大慧普觉禅师宗门武库》，（宋）道谦编，《大正新修大藏经》第47册。

《密庵和尚语录》，（宋）崇岳、了悟等编，《大正新修大藏经》第47册。

《虚堂和尚语录》,(元)妙源编,《大正新修大藏经》第47册。

《宏智禅师广录》,(宋)集成等编,《大正新修大藏经》第48册。

《如净和尚语录》,(宋)文素编,《大正新修大藏经》第48册。

《天童山景德寺如净禅师续语录》,(宋)义远编,《大正新修大藏经》第48册。

《佛果圜悟禅师碧岩录》,(宋)重显颂古,克勤评唱,《大正新修大藏经》第48册。

《万松老人评唱天童觉和尚颂古从容庵录》,(宋)正觉颂古,(元)行秀评唱,《大正新修大藏经》第48册。

《无门关》,(宋)宗绍编,《大正新修大藏经》第48册。

《人天眼目》,(宋)智昭集,《大正新修大藏经》第48册。

《南宗顿教最上大乘摩诃般若波罗蜜经六祖惠能大师于韶州大梵寺施法坛经》,(唐)法海集,《大正新修大藏经》第48册。

《六祖大师法宝坛经》,(元)宗宝编,《大正新修大藏经》第48册。

《少室六门》,不著撰人,《大正新修大藏经》第48册。

《信心铭》,(隋)僧璨作,《大正新修大藏经》第48册。

《最上乘论》,(唐)弘忍述,《大正新修大藏经》第48册。

《黄檗山断际禅师传心法要》,(唐)裴休集,《大正新修大藏经》第48册。

《黄檗断际禅师宛陵录》,(唐)裴休集,《大正新修大藏经》第48册。

《禅宗永嘉集》,(唐)玄觉撰,《大正新修大藏经》第48册。

《永嘉证道歌》,(唐)玄觉撰,《大正新修大藏经》第48册。

《禅源诸诠集都序》,(唐)宗密述,《大正新修大藏经》第48册。

《宗镜录》,(宋)延寿集,《大正新修大藏经》第48册。

《万善同归集》，（宋）延寿述，《大正新修大藏经》第48册。

《永明智觉禅师唯心诀》，（宋）延寿撰，《大正新修大藏经》第48册。

《真心直说》，[高丽]知讷撰，《大正新修大藏经》第48册。

《诫初心学人文》，[高丽]知讷撰，《大正新修大藏经》第48册。

《高丽国普照禅师修心诀》，[高丽]知讷撰，《大正新修大藏经》第48册。

《禅宗决疑集》，（元）智彻述，《大正新修大藏经》第48册。

《禅林宝训》，（明）净善重集，《大正新修大藏经》第48册。

《缁门警训》，（明）如卺续集，《大正新修大藏经》第48册。

《禅关策进》，（明）袾宏辑，《大正新修大藏经》第48册。

《敕修百丈清规》，（元）德辉重编，《大正新修大藏经》第48册。

《历代法宝记》，不著撰人，《大正新修大藏经》第51册。

《景德传灯录》，（宋）道原编撰，《大正新修大藏经》第51册。

《传法正宗记》，（宋）契嵩编，《大正新修大藏经》第51册。

《传法正宗论》，（宋）契嵩编，《大正新修大藏经》第51册。

《楞伽师资记》，（唐）净觉集，《大正新修大藏经》第85册。

《菩提达磨大师略辨大乘入道四行观》，（梁）菩提达磨说，《卍续藏经》第110册。

《达磨大师血脉论》，（梁）菩提达磨说，《卍续藏经》第110册。

《达磨大师悟性论》，（梁）菩提达磨说，《卍续藏经》第110册。

《达磨大师破相论》，（梁）菩提达磨说，《卍续藏经》第110册。

《顿悟入道要门论》，（唐）慧海撰，《卍续藏经》第110册。

《诸方门人参问语录》，（唐）慧海撰，《卍续藏经》第110册。

《中华传心地禅门师资承袭图》，（唐）裴休问，宗密答，《卍续藏经》第110册。

《宗门十规论》，（唐）文益撰，《卍续藏经》第110册。

《定慧相资歌》，（宋）延寿撰，《卍续藏经》第110册。

《警世》，（宋）延寿撰，《卍续藏经》第110册。

《心赋注》，（宋）延寿述，《卍续藏经》第111册。

《智觉禅师自行录》，（宋）文冲重校编集，《卍续藏经》第111册。

《祇园正仪》，（宋）道楷撰，《卍续藏经》第111册。

《临济宗旨》，（宋）慧洪撰，《卍续藏经》第111册。

《智证传》（附《宝镜三昧》），（宋）慧洪撰，觉慈编，《卍续藏经》第111册。

《重编曹洞五位显诀》，（宋）慧霞编，广辉释，《卍续藏经》第111册。

《宝镜三昧本义》，（清）行策述，《卍续藏经》第111册。

《宝镜三昧原宗辨谬说》，（清）净讷述，《卍续藏经》第111册。

《沩山警策注》，（宋）守遂注，《卍续藏经》第111册。

《沩山警策句释记》，（明）弘赞注，开詗记，《卍续藏经》第111册。

《证道歌注》，（宋）彦琪注，《卍续藏经》第111册。

《永嘉禅宗集注》，（明）传灯重编并注，《卍续藏经》第111册。

《敕修百丈清规》，（元）德辉重编，大訢校正，《卍续藏经》第111册。

《重雕补注禅苑清规》，（宋）宗赜集，《卍续藏经》第111册。

《入众日用》，（宋）宗寿集，《卍续藏经》第111册。

《入众须知》，（宋）宗寿集，《卍续藏经》第111册。

《幻住庵清规》，（元）明本著，《卍续藏经》第111册。

《丛林校定清规总要》，（宋）惟勉编次，《卍续藏经》第112册。

《禅林备用清规》，（元）弋咸编，《卍续藏经》第112册。

《丛林两序须知》，（明）通容述，《卍续藏经》第112册。

《列祖提纲录》，（清）行悦集，《卍续藏经》第112册。

《禅林疏语考证》，（明）元贤集，《卍续藏经》第112册。

《初学记》，（元）清觉述，道安注，《卍续藏经》第112册。

《正行集》，（元）清觉述，《卍续藏经》第112册。

《祖庭事苑》，（宋）善卿编正，《卍续藏经》第113册。

《禅林宝训音义》，（明）大建较，《卍续藏经》第113册。

《丛林公论》，（宋）惠彬述，《卍续藏经》第113册。

《十牛图颂》，（宋）慈远述，《卍续藏经》第113册。

《禅宗杂毒海》，（清）性音重编，《卍续藏经》第114册。

《五宗原》，（明）法藏著，《卍续藏经》第114册。

《辟妄救略说》，（明）圆悟著，真启编，《卍续藏经》第114册。

《五家宗旨纂要》，（清）性统编，《卍续藏经》第114册。

《宗范》，（清）钱伊庵编辑，《卍续藏经》第114册。

《慨古录》，（明）圆澄著，《卍续藏经》第114册。

《祖庭钳锤录》，（明）通容辑著，《卍续藏经》第114册。

《千松笔记》，（明）大韶著，《卍续藏经》第114册。

《观心玄枢》，（宋）延寿撰，《卍续藏经》第114册。

《证道歌颂》，（宋）法泉继颂，《卍续藏经》第114册。

《证道歌注》，（宋）知讷述，《卍续藏经》第114册。

《证道歌注》，（元）永盛述，德弘编，《卍续藏经》第114册。

《沩山警策注》，（明）大香注，《卍续藏经》第114册。

《禅宗颂古联珠通集》，（宋）法应集，（元）普会续集，《卍续藏经》第115册。

《宗门拈古汇集》，（清）净符汇集，《卍续藏经》第115册。

《宗鉴法林》，（清）集云堂编，《卍续藏经》第116册。

《禅门诸祖师偈颂》，（宋）子升、如祐录，《卍续藏经》第116册。

《禅林类聚》，（元）道泰集，《卍续藏经》第117册。

《佛果击节录》,(宋)重显拈古,克勤击节,《卍续藏经》第117册。

《林泉老人评唱投子青和尚颂古空谷集》,(宋)义青颂古,(元)从伦评唱,《卍续藏经》第117册。

《万松老人评唱天童觉和尚拈古请益录》,(宋)正觉拈古,(元)行秀评唱,《卍续藏经》第117册。

《正法眼藏》,(宋)宗杲集并著语,《卍续藏经》第118册。

《古尊宿语录》,(宋)赜藏主集,《卍续藏经》第118册。

《续古尊宿语要》,(宋)师明集,《卍续藏经》第118、119册。

《拈八方珠玉集》,(宋)祖庆重编,《卍续藏经》第119册。

《禅宗无门关》,(宋)慧开抄录,《卍续藏经》第119册。

《通玄百问》,(元)圆通设问,行秀仰答,《卍续藏经》第119册。

《青州百问》,(元)一辩问,自觉答,《卍续藏经》第119册。

《御选语录》,(清)世宗皇帝御选,《卍续藏经》第119册。

《曹山本寂禅师语录》(五家语录洞曹宗),(明)语风圆信、郭凝之编,《卍续藏经》第119册。

《四家语录》(马祖百丈黄檗临济四家录),不著撰人,《卍续藏经》第119册。

《雪峰义存禅师语录》,(明)林弘衍编次,《卍续藏经》第119册。

《善慧大士语录》,(唐)楼颖录,《卍续藏经》第120册。

《庞居士语录》,(唐)于頔集,《卍续藏经》第120册。

《石霜楚圆禅师语录》,(宋)慧南重编,《卍续藏经》第120册。

《琅琊慧觉禅师语录》,(宋)元聚集,《卍续藏经》第120册。

《云庵克文禅师语录》,(宋)福深录,《卍续藏经》第120册。

《宝觉祖心禅师语录》(黄龙四家录第二),(宋)子和录,仲介重编,《卍续藏经》第120册。

《死心悟新禅师语录》(黄龙四家录第三),不著撰人,《卍续藏经》第120册。

《超宗慧方禅师语录》（黄龙四家录第四），不著撰人，《卍续藏经》第120册。

《雪峰慧空禅师语录》，（宋）慧弼编，《卍续藏经》第120册。

《长灵守卓禅师语录》，（宋）介谌编，《卍续藏经》第120册。

《雪庵从瑾禅师颂古》，不著撰人，《卍续藏经》第120册。

《杨岐方会禅师后录》，不著撰人，《卍续藏经》第120册。

《保宁仁勇禅师语录》，（宋）道胜、圆净录，《卍续藏经》第120册。

《白云守端禅师语录》，不著撰人，《卍续藏经》第120册。

《白云守端禅师广录》，（宋）处凝等编集，《卍续藏经》第120册。

《开福道宁禅师语录》，（宋）善果集，《卍续藏经》第120册。

《月林师观禅师语录》，（宋）法宝等编，《卍续藏经》第120册。

《无门慧开禅师语录》，（宋）普敬等编，《卍续藏经》第120册。

《普庵印肃禅师语录》，不著撰人，《卍续藏经》第120册。

《佛果克勤禅师心要》，（宋）子文编，《卍续藏经》第120册。

《虎丘绍隆禅师语录》，（宋）嗣端等编，《卍续藏经》第120册。

《应庵昙华禅师语录》，（宋）守诠等编，《卍续藏经》第120册。

《瞎堂慧远禅师广录》，（宋）齐己等编，《卍续藏经》第120册。

《济颠道济禅师语录》，（宋）沈孟柈叙述，《卍续藏经》第121册。

《普觉宗杲禅师语录》，（宋）法宏、道谦编，《卍续藏经》第121册。

《西山亮禅师语录》，（宋）觉心、志清编，《卍续藏经》第121册。

《物初大观禅师语录》，（宋）德溥等编校，《卍续藏经》第121册。

《笑隐大訢禅师语录》，（元）延俊等编，《卍续藏经》第121册。

《偃溪广闻禅师语录》，（宋）元清等编，《卍续藏经》第121册。

《大川普济禅师语录》，（宋）元恺编，《卍续藏经》第121册。

《淮海原肇禅师语录》，（宋）实仁等编，《卍续藏经》第121册。

《介石智朋禅师语录》，（宋）正贤等编，《卍续藏经》第121册。

《龙源介清禅师语录》，（元）士洵等编，《卍续藏经》第121册。

《曹源道生禅师语录》，（宋）道冲编，《卍续藏经》第121册。

《痴绝道冲禅师语录》，（宋）智沂等编，《卍续藏经》第121册。

《松源崇岳禅师语录》，（宋）善开等录，《卍续藏经》第121册。

《无明慧性禅师语录》，（宋）妙俨等编，《卍续藏经》第121册。

《运庵普岩禅师语录》，（宋）元靖等编，《卍续藏经》第121册。

《虚堂智愚禅师语录》，（宋）妙源等编，《卍续藏经》第121册。

《破庵祖先禅师语录》，（宋）圆照等编，《卍续藏经》第121册。

《无准师范禅师语录》，（宋）宗会等编，《卍续藏经》第121册。

《绝岸可湘禅师语录》，（宋）妙恩等编，《卍续藏经》第121册。

《投子义青禅师语录》，（宋）自觉重编，《卍续藏经》第124册。

《投子义青禅师语录》，（宋）道楷编，《卍续藏经》第124册。

《丹霞子淳禅师语录》，（宋）庆预校勘，《卍续藏经》第124册。

《虚堂集》，（宋）子淳颂古，（元）从伦评唱，《卍续藏经》第124册。

《真歇清了禅师语录》，（宋）德初、义初等编，《卍续藏经》第124册。

《天童正觉禅师广录》，（宋）宗法等编，《卍续藏经》第124册。

《玄沙师备禅师广录》，（唐）智严集，《卍续藏经》第126册。

《玄沙师备禅师语录》，（明）林弘衍编次，《卍续藏经》第126册。

《荐福承古禅师语录》，（宋）文智编，《卍续藏经》第126册。

《法昌倚遇禅师语录》，（宋）宗密录，《卍续藏经》第126册。

《吴山净端禅师语录》，（宋）师皎重编，《卍续藏经》第126册。

《慧林宗本禅师别录》，（宋）慧辩录，《卍续藏经》第126册。

《慈受怀深禅师广录》，（宋）善清等编，《卍续藏经》第126册。

《宗门宝积录》，（清）本皙辑，《卍续藏经》第127册。

《天圣广灯录》，（宋）李遵勖编，《卍续藏经》第135册。

《五家正宗赞》，（宋）绍昙记，《卍续藏经》第135册。

《建中靖国续灯录》，（宋）惟白集，《卍续藏经》第136册。

《联灯会要》，（宋）悟明集，《卍续藏经》第136册。

《嘉泰普灯录》，（宋）正受编，《卍续藏经》第137册。

《禅林僧宝传》，（宋）慧洪撰，《卍续藏经》第137册。

《补禅林僧宝传》，（宋）庆老撰，《卍续藏经》第137册。

《僧宝正续传》，（宋）祖琇撰，《卍续藏经》第137册。

《南宋元明禅林僧宝传》，（清）自融撰，性磊补辑，《卍续藏经》第137册。

《大光明藏》，（宋）宝昙述，《卍续藏经》第137册。

《五灯会元》，（宋）普济集，《卍续藏经》第138册。

《五灯严统》，（明）通容集，《卍续藏经》第139册。

《五灯严统解惑篇》，（明）通容述，《卍续藏经》第139册。

《五灯全书》，（清）超永辑，《卍续藏经》第140、141、142册。

《续传灯录》，（明）玄极辑，《卍续藏经》第142册。

《增集续传灯录》，（明）文琇集，《卍续藏经》第142册。

《雪堂行拾遗录》，（宋）道行编，《卍续藏经》第142册。

《罗湖野录》，（宋）晓莹集，《卍续藏经》第142册。

《指月录》，（明）瞿汝稷集，《卍续藏经》第143册。

《续指月录》，（清）聂先编辑，《卍续藏经》第143册。

《教外别传》，（明）黎眉等编，《卍续藏经》第144册。

《续灯正统》，（清）性统编集，《卍续藏经》第144册。

《续灯存稿》，（清）通问编定，施沛汇集，《卍续藏经》第145册。

《正源略集》，（清）达珍编，《卍续藏经》第145册。

《锦江禅灯》，（清）通醉辑，《卍续藏经》第145册。

《黔南会灯录》，（清）如纯辑，《卍续藏经》第145册。

《掩黑豆集》，（清）心圆拈别，火莲集梓，《卍续藏经》第145册。

《禅宗正脉》，（明）如卺集，《卍续藏经》第146册。

《佛祖纲目》，（明）朱时恩著，《卍续藏经》第146册。

《佛祖正传古今捷录并拈颂》，（清）果性集，《卍续藏经》第146册。

《南岳单传记》，（清）弘储表，《卍续藏经》第146册。

《明州定应大师布袋和尚传》，不著撰人，《卍续藏经》第146册。

《曹溪大师别传》，不著撰人，《卍续藏经》第146册。

《永明道迹》，（宋）大壑辑，《卍续藏经》第146册。

《宗统编年》，（清）纪荫编纂，《卍续藏经》第147册。

《禅灯世谱》，（明）道忞编修，吴侗集，《卍续藏经》第147册。

《佛祖宗派世谱》，（清）悟进编辑，《卍续藏经》第147册。

《缁门世谱》，（清）明喜撰辑，《卍续藏经》第147册。

《法门锄宄》，（清）净符著，《卍续藏经》第147册。

《继灯录》，（明）元贤辑，《卍续藏经》第147册。

《建州弘释录》，（明）元贤集，《卍续藏经》第147册。

《居士分灯录》，（明）朱时恩辑，《卍续藏经》第147册。

《八十八祖道影传赞》，（明）德清述，高承埏补，《卍续藏经》第147册。

《普陀列祖录》，（清）通旭集，《卍续藏经》第147册。

《云卧纪谭》，（宋）晓莹录，《卍续藏经》第148册。

《丛林盛事》，（宋）道融撰，《卍续藏经》第148册。

《人天宝鉴》，（宋）昙秀辑，《卍续藏经》第148册。

《枯崖漫录》，（宋）圆悟录，《卍续藏经》第148册。

《禅苑蒙求瑶林》，（金）志明撰，（元）德谏注，《卍续藏经》第148册。

《山庵杂录》，（明）无愠录，《卍续藏经》第148册。

《正宗心印后续联芳》，（明）善灿著，《卍续藏经》第148册。

《祖庭指南》，（清）徐昌治编述，《卍续藏经》第148册。

《先觉集》，（明）陶明潜辑，《卍续藏经》第148册。

《先觉宗乘》，（清）圆信较定，郭凝之汇编，《卍续藏经》第148册。

《林间录》，（宋）慧洪集，《卍续藏经》第148册。

《林间录后集》，（宋）慧洪集，《卍续藏经》第148册。

《宝林传》，（唐）智炬撰，《宋藏遗珍》第2册，台湾新文丰出版公司影印。

《荷泽神会禅师语录》，不著撰人，胡适校录《神会和尚遗集》本，上海亚东图书馆出版，1930年。

《菩提达摩南宗定是非论》，（唐）神会述，独孤沛记，胡适校录《神会和尚遗集》本。

《寒山子诗集》，（唐）寒山撰，《四部丛刊》本。

《船子和尚拨棹歌》，（唐）德诚撰，《上海文献丛书》本，华东师范大学出版社，1987年。

《禅月集》，（唐）贯休撰，《四库全书》本。

《冷斋夜话》，（宋）惠洪撰，《四库全书》本。

《石门文字禅》，（宋）惠洪撰，《四部丛刊》本。

《五灯会元》，苏渊雷点校，中华书局，1984年。

《古尊宿语录》，萧萐父、吕有祥点校，中华书局，1994年。

《祖堂集》，吴福祥、顾之川点校，岳麓书社，1996年。

《祖堂集》，张华点校，中州古籍出版社，2001年。

《祖堂集》，孙昌武、[日]衣川贤次、[日]西口芳男点校，中华书局，2007年。

《赵州录》，张子开点校，中州古籍出版社，2001年。

《禅苑清规》，苏军点校，中州古籍出版社，2001年。
《临济录》，张伯伟释译，佛光出版社，1997年。
《祖堂集》，葛兆光释译，佛光出版社，1996年。
《景德传灯录》，张华释译，佛光出版社，1997年。
《中国禅宗语录大观》，袁宾编著，百花洲文艺出版社，1991年。
《禅语译注》，袁宾著，语文出版社，1999年。
《白话临济录·禅关策进》，许文恭译述，圆明出版社，1993年。
《白话洞山禅师语录》，许文恭译，圆明出版社，1994年。
《白话碧岩录》，许文恭译，作家出版社，1996年。
《五灯会元白话全译》，蒋宗福、李海霞主译，西南师范大学出版社，1997年。
《禅宗语录：汉英对照》，江蓝生编，黎翠珍、张佩瑶译，中国对外翻译出版公司，2008年。

二、基本论著目录

1. 著作

袁宾《禅宗著作词语汇释》，江苏古籍出版社，1990年。
于谷《禅宗语言和文献》，江西人民出版社，1995年。
张美兰《禅宗语言概论》，五南图书出版公司，1998年。
周裕锴《禅宗语言》，浙江人民出版社，1999年；复旦大学出版社，2017年。
袁宾主编《禅宗词典》，湖北人民出版社，1994年。
张美兰《〈祖堂集〉语法研究》，商务印书馆，2003年。
周碧香《〈祖堂集〉句法研究：以六项句式为主》，佛光山文教基金会，2004年。

谭伟《〈祖堂集〉文献语言研究》，巴蜀书社，2005年。

林新年《〈祖堂集〉的动态助词研究》，上海三联书店，2006年。

欧阳宜璋《〈碧岩集〉的语言风格研究——以构词法为中心》，圆明出版社，1994年。

项楚《王梵志诗校注》，上海古籍出版社，1991年。

项楚《敦煌文学丛考》，上海古籍出版社，1991年。

项楚《寒山诗注》，中华书局，2000年。

项楚《敦煌歌辞总编匡补》，巴蜀书社，2000年。

项楚《敦煌诗歌导论》，巴蜀书社，2001年。

项楚《柱马屋存稿》，商务印书馆，2003年。

项楚《敦煌变文选注》（增订本），中华书局，2006年。

梁启超《翻译文学与佛典》，《梁任公近著》第一辑中卷，上海商务印书馆，1923年。

胡适《白话文学史 上卷》，新月书店，1928年（初版）；上海商务印书馆，1934年（再版）；东方出版社，1996年（新版）。

冯友兰《贞元六书》，华东师范大学出版社，2006年；生活·读书·新知三联书店，2007年。

吕澂《中国佛学源流略讲》，中华书局，1979年。

汤用彤《隋唐佛教史稿》，中华书局，1982年。

杨曾文《唐五代禅宗史》，中国社会科学出版社，1999年。

[日] 忽滑谷快天《中国禅学思想史》，朱谦之译，杨曾文导读，上海古籍出版社，2002年。

葛兆光《中国禅思想史——从6世纪到9世纪》，北京大学出版社，1995年。

印顺《中国禅宗史》，上海书店，1992年。

潘桂明《中国禅宗思想历程》，今日中国出版社，1992年。

洪修平《禅宗思想的形成与发展》，江苏古籍出版社，1992年。

麻天祥《中国禅宗思想发展史》，湖南教育出版社，1997年。

杜继文、魏道儒《中国禅宗通史》，江苏古籍出版社，1992年。

吴言生《禅宗思想渊源》，中华书局，2001年。

吴言生《禅宗哲学象征》，中华书局，2001年。

吴言生《禅宗诗歌境界》，中华书局，2001年。

龚隽《禅史钩沉：以问题为中心的思想史论述》，生活·读书·新知三联书店，2006年。

巴壶天《禅骨诗心集》，东大图书公司，1988年。

杨惠南《禅史与禅思》，东大图书公司，1995年。

顾随《顾随说禅》，广西人民出版社，2005年。

周裕锴《文字禅与宋代诗学》，高等教育出版社，1998年；复旦大学出版社，2017年。

周裕锴《中国古代阐释学研究》，上海人民出版社，2003年。

蒋礼鸿《敦煌变文字义通释》，上海古籍出版社，1988年。

郭在贻《敦煌变文集校议》，《郭在贻文集》第2卷，中华书局，2002年。

张相《诗词曲语辞汇释》，上海中华书局，1953年。

赵元任《汉语口语语法》，吕叔湘译，商务印书馆，1979年。

赵元任《中国话的文法》，丁邦新译，香港中文大学出版社，1980年。

[美]梅祖麟《梅祖麟语言学论文集》，商务印书馆，2000年。

江蓝生《古代白话说略》，语文出版社，2000年。

蒋绍愚《近代汉语研究概况》，北京大学出版社，1994年。

蒋绍愚《汉语词汇语法史论文集》，商务印书馆，2000年。

江蓝生《近代汉语探源》，商务印书馆，2000年。

董志翘、蔡镜浩《中古虚词语法例释》，吉林教育出版社，1994年。

刘坚等《近代汉语虚词研究》，语文出版社，1992年。

曹广顺《近代汉语助词》，语文出版社，1995年。

2. 论文

刘泽民《禅宗机语之研究》，《同愿月刊》第1卷第1期，1940年4月。

吕叔湘《释〈景德传灯录〉中"在"、"著"二助词》，华西大学中国文化研究所集刊第3期，1941年；《汉语语法论文集》，商务印书馆，1984年。

[法] 马伯乐《晚唐几种语录中的白话》，冯承钧译，《中国学报》第1卷第1期，1944年。

朱自清《禅家的语言》，《世间解》第7期，1948年1月；《朱自清古典文学论文集》，上海古籍出版社，1982年。

高名凯《唐代禅家语录所见的语法成分》，《燕京学报》第34期，1948年。

吴怡《禅宗公案问答的十个格式》，《鹅湖月刊》第6卷第9期，1981年3月。

袁宾《禅宗著作里的口语词》，《语文月刊》1988年第7期。

袁宾《再谈禅宗著作里的口语词》，《语文月刊》1989年第3期。

袁宾《禅宗的语言观》，《中文自学指导》1991年第4期。

袁宾《禅宗著作词语释义》，《词典研究丛刊》第11辑，四川辞书出版社，1990年。

杨新瑛《禅宗公案的基本法则及语言价值》，《慧炬》第242/243期，1984年。

杨惠南《谈禅宗公案中的矛盾与不可说》，《台大哲学论评》第9期，1986年。

郭在贻《〈禅宗著作词语汇释〉序》,《杭州大学学报》1988年第2期。

[日] 衣川贤次《评〈禅宗著作词语汇释〉》,何迁译,《古籍整理出版情况简报》第268期,1993年3月20日。

府宪展、徐小蛮《禅宗的创造性思维形式——对禅宗公案的理性探索》,《中华文史论丛》第46辑,1990年。

[美] 成中英《禅的诡论和逻辑》,《中华佛学学报》第3期,1990年。

冯耀明《禅超越语言和逻辑吗——从分析哲学观点看铃木大拙的禅论》,《当代》第69期,1992年1月。

何明《试论禅宗的思维方式》,《学术探索》1993年第4期。

[美] 史蒂夫·海因《禅话传统中的叙事与修辞结构》,吕凯文译,《中印佛学泛论——傅伟勋教授六十大寿祝寿论文集》,东大图书公司,1993年。

胡遂《说"遮诠"——禅宗与诗话理论探讨之五》,《中国文学研究》1994年第2期。

[日] 入矢义高《禅宗语录的语言与文体》,李壮鹰译,《俗语言研究》创刊号,1994年2月。

曲彦斌《关于禅籍俗语言的民俗语源问题》,《俗语言研究》创刊号,1994年2月。

唐仁、江源《禅宗、策略、负形而上学方法及话语游戏》,《太原师专学报》1995年第1期。

张育英《谈禅宗语言的模糊性》,《苏州大学学报》1995年第3期。

陈晓龙、王长华《不可"言说"的"嘱告":禅宗语言哲学一议》,《河北师院学报》1995年第3期。

鲍鹏山《语言之外的终极肯定——谈禅宗的语言观》,《江淮论坛》1995年第4期。

［美］马克瑞《神会、马祖和机缘问答的抄本》，《佛教与中国文化国际学术会议论文集》（下辑），台湾中华文化复兴运动宗教委员会编印，1995年。

王锳《读〈葛藤语笺〉随札》，《俗语言研究》第2期，1995年6月。

［日］入矢义高《禅语散论——"干屎橛"、"麻三斤"》，蔡毅、刘建译，《俗语言研究》第2期，1995年6月。

邢东风《禅的可说与不可说：兼谈现代禅学研究的方法问题》，《哲学研究》1996年第1期。

王向峰《论儒、道、佛禅的言语观》，《文艺研究》1996年第5期。

［日］入矢义高《禅语谈片》，蔡毅译，《俗语言研究》第3期，1996年6月。

段观宋《禅籍俗语词零札》，《俗语言研究》第3期，1996年6月。

邢东风《禅宗语言问题在禅宗研究中的位置》，《俗语言研究》第3期，1996年6月。

刘瑞明《禅籍词语校释的再讨论》，《俗语言研究》第3期，1996年6月。

张美兰《禅宗语录中的数字语》，《文教资料》1996年第6期。

徐时仪《不离文字与不立文字——谈言和意》，《上海师范大学学报》1997年第4期。

张美兰《禅宗语言的非言语表达手法》，《中国典籍与文化》1997年第4期。

段观宋《禅宗语词校释辩》，《俗语言研究》第4期，1997年8月。

梁晓虹《禅宗词语辨析（一）》，《禅学研究》第3辑，江苏古籍出版社，1998年。

梁晓虹《禅宗典籍中"子"的用法》，《古汉语研究》1998年第2期。

徐默凡《禅宗语言观的现代语言学解释》，《华夏文化》1999年第2期。

马国强《禅宗妙喻漫谈》，《修辞学习》1999年第6期。

葛兆光《语言与意义——九至十世纪禅思想史的一个侧面》，《两岸当代禅学论文集》（上），南华大学宗教文学研究中心，2000年。

李作勋《对不可言说的言说——禅宗"不立文字"探析》，《贵州社会科学》2000年第2期。

周裕锴《绕路说禅：从禅的诠释到诗的表达》，《文艺研究》2000年第3期。

周裕锴《以俗为雅：禅籍俗语言对宋诗的渗透与启示》，《四川大学学报》2000年第3期。

疏志强《浅析禅宗语言的"言有所为"现象》，《修辞学习》2000年第4期。

张子开《系统地、多角度地研究中国禅宗文献语言的开拓性之作——评周裕锴〈禅宗语言〉》，《汉字文化》2000年第4期。

蒋宗福《沉潜研索，金针度人——周裕锴先生〈禅宗语言〉读后》，《宗教学研究》2000年第4期。

邢东风《禅宗语言研究管窥》，《世界宗教文化》2001年第1期。

段观宋《禅宗语录疑难词语考释》，《东莞理工学院学报》2001年第1期。

陆永峰《禅宗语言观及其实践》，《扬州大学学报》2001年第6期。

方立天《禅宗的"不立文字"语言观》，《中国人民大学学报》2002年第1期。

疏志强《浅析禅宗骂詈语》,《修辞学习》2002年第1期。

金军鑫《禅宗语言的几个特点》,《修辞学习》2002年第4期。

肖兰萍《唐宋禅宗语录中的隐性选择疑问句式初探》,《汉语史研究集刊》第5辑, 2002年。

肖兰萍《唐宋禅宗语录特指问句末尾的"来"》,《汉语史研究集刊》第6辑, 2003年。

郭玉生《论禅宗语言对宋诗语言艺术的影响——从英美新批评理论的角度考察》,《宁夏社会科学》2003年第1期。

欧阳骏鹏《禅宗语言观初探》,《船山学刊》2003年第2期。

欧阳宜璋《赵州"无"的语言符号解读》,《普门学报》第14期, 2003年3月。

陈坚《禅宗"不立文字"辨》,《华东师范大学学报》2004年第3期。

周裕锴《禅籍俗谚管窥》,《江西社会科学》2004年第2期。

疏志强《禅宗修辞中的特殊问答方式》,《修辞学习》2004年第3期。

张子开《〈寒山诗注〉刍评》,《中国禅学》第3卷, 中华书局, 2004年。

张胜珍《禅宗的譬喻》,《五台山研究》2004年第4期。

卢烈红《禅宗语录词义札记》,《中国典籍与文化》2005年第1期。

任珊《禅宗语言中的会话修辞》,《淮阴师范学院学报》2005年第3期。

刘爱玲《禅籍谚语活用现象探析》,《佳木斯大学社会科学学报》2005年第5期。

雷汉卿、马建东《禅籍词语选释》,《天水师范学院学报》2005年第6期。

陈海叶《唐宋禅宗语录：社会语言学的研究路径》，《觉群·学术论文集（2005）》，宗教文化出版社，2005年。

雷汉卿《禅籍词语选释》，《汉语史研究集刊》第8辑，2005年。

鲍滢《禅语札记一则》，《汉语史研究集刊》第8辑，2005年。

李建军《儒道语言观与释门文字禅刍议》，《宗教学研究》2006年第3期。

焦继顺、孔令玲《禅宗语言观与语用原则的语言文化解读》，《职业时空》2006年第21期。

霍韬晦《禅的语言——兼与维根斯坦的语言哲学比较》，《禅学研究》第6辑，江苏人民出版社，2006年。

陈海叶《禅宗与维特根斯坦语言哲学的语用诠释》，《四川大学学报》2007年第1期。

高增良《〈六祖坛经〉中所见的语法成分》，《语文研究》1990年第4期。

孙锡信《〈祖堂集〉中的疑问代词》，《语文论丛》第2辑，上海教育出版社，1983年。

李思明《〈祖堂集〉中能可助动词"得""可""能""解"的异同》，《语文新论》，山西教育出版社，1996年。

蒋绍愚《〈祖堂集〉词语试释》，《中国语文》1985年第2期。

曹广顺《〈祖堂集〉中与语气助词"呢"有关的几个助词》，《语言研究》1986年第2期。

曹广顺《〈祖堂集〉中的"底"（地）"却（了）""著"》，《中国语文》1986年第3期。

伍华《论〈祖堂集〉中以"不、否、无、摩"收尾的问句》，《中山大学学报》1987年第4期。

常青《〈祖堂集〉副词"也""亦"的共用现象》，《天津师范大学学报》1989年第1期。

袁宾《〈祖堂集〉被字句研究》,《中国语文》1989年第1期。

李崇兴《〈祖堂集〉中的助词"去"》,《中国语文》1990年第1期。

李思明《〈祖堂集〉中"得"字的考察》,《古汉语研究》1991年第3期。

吕幼夫《〈祖堂集〉词语选释》,《辽宁大学学报》1992年第2期。

刘忠信《〈祖堂集〉中的隐名代词》,《镇江师专学报》1992年第2期。

刘利《〈祖堂集〉动词补语管窥》,《徐州师院学报》1992年第3期。

曹小云《〈祖堂集〉被字句研究商补》,《中国语文》1993年第5期。

刁晏斌《〈祖堂集〉正反问句探析》,《俗语言研究》创刊号,1994年。

冯淑仪《〈敦煌变文集〉和〈祖堂集〉的形容词、副词词尾》,《语文研究》1994年第1期。

冯春田《试说〈祖堂集〉〈景德传灯录〉"作么生"、"怎么生"之类词语》,《俗语言研究》第2期,1995年。

张双庆《〈祖堂集〉所见泉州方言词汇》,《第四届国际闽方言研讨会论文集》,汕头大学出版社,1996年。

[美]梅祖麟《〈祖堂集〉的方言基础和它的形成过程》,《中国语言学报》(*Journal of Chinese Linguistics, Studies on the History of Chinese Syntax*),1997年。

刘勋宁《〈祖堂集〉反复问句的一项考察》,《现代汉语研究》,北京语言文化大学出版社,1998年。

刘勋宁《〈祖堂集〉"去"和"去也"方言证》,《古汉语语法论集》,语文出版社,1998年。

袁津琥《〈祖堂集〉中的俗语源》,《绵阳师专学报》1999年第1期。

袁津琥《〈祖堂集〉中的俗语源（续）》，《绵阳师专学报》1999年第6期。

王绍新《〈祖堂集〉中的动量词》，《课余丛稿》，北京语言文化大学出版社，1999年。

张美兰《〈祖堂集〉选择问句研究》，《中文学刊》（香港）2000年第2期。

张美兰《高丽海印寺海东新开印版〈祖堂集〉校读札记》，《古汉语研究》2001年第3期。

袁津琥《〈祖堂集〉释词》，《古汉语研究》2001年第4期。

王景丹《〈祖堂集〉中"将"字句研究》，《殷都学刊》2001年第4期。

林永泽《〈祖堂集〉中表示动作完成的几种格式》，《汉语史论文集》，武汉出版社，2002年。

张美兰《〈祖堂集〉语言研究概述》，《中国禅学》第1卷，中华书局，2002年。

谭伟《〈祖堂集〉字词考释》，《南京师范大学文学院学报》2003年第1期。

谭伟《〈祖堂集〉俗别字考论》，《汉语史研究集刊》第6辑，2003年。

张美兰《〈祖堂集〉祈使句及其指令行为的语力级差》，《清华大学学报》2003年第2期。

张美兰《从〈祖堂集〉问句看中古语法对其影响》，《语言科学》2003年第3期。

潘维桂、杨天戈《敦煌变文和〈景德传灯录〉中"了"字的用法》，《语言论集》第1辑，中国人民大学出版社，1980年。

刁晏斌《〈景德传灯录〉中的选择问句》，《俗语言研究》第4期，

1997年8月。

袁宾《〈五灯会元〉词语释义》,《中国语文》1986年第5期。

袁宾《〈五灯会元〉词语续释》,《语言研究》1987年第2期。

袁宾《〈五灯会元〉口语词探义》,《天津师范大学学报》1987年第5期。

袁宾《〈五灯会元〉口语词选释》,《汉语论丛》,华东师范大学出版社,1990年。

段观宋《〈五灯会元〉俗语言词选释》,《俗语言研究》创刊号,1994年2月。

刘凯鸣《〈五灯会元〉词语补释》,《俗语言研究》创刊号,1994年2月。

徐健《〈五灯会元〉词语释义》,《俗语言研究》第2期,1995年6月。

滕志贤《〈五灯会元〉词语考释》,《俗语言研究》第2期,1995年6月。

滕志贤《〈五灯会元〉词语考释》,《古汉语研究》1995年第4期。

卢烈红《〈古尊宿语要〉的近指代词》,《武汉大学学报》1998年第5期。

卢烈红《〈古尊宿语要〉的旁指代词》,《古汉语研究》1999年第3期。

胡从曾《"打"字又音又义》,《俗语言研究》创刊号,1994年2月。

徐时仪《介词"打"的最早使用年代及"虚化说"考探》,《俗语言研究》创刊号,1994年2月。

汪维辉《试释"席帽""棺木里瞪眼""调直"》,《俗语言研究》创刊号,1994年2月。

关长龙《"东壁打西壁"之方音启示献例》,《俗语言研究》创刊号,1994年2月。

滕志贤《试释"看楼打楼"等》,《俗语言研究》创刊号,1994年2月。

王继如《说"席帽"》,《俗语言研究》创刊号,1994年2月。

袁津琥《"闹蓝"试解》,《俗语言研究》第2期,1995年6月。

[日]芳泽胜弘《"麻三斤"再考》,殷勤译,《俗语言研究》第3期,1996年6月。

蒋宗许《释"闹蓝"》,《俗语言研究》第3期,1996年6月。

樊维纲《试释"罗睺罗儿"——兼及"罗睺罗"》,《俗语言研究》第4期,1997年8月。

徐时仪《"心造"》,《俗语言研究》第4期,1997年8月。

袁津琥《再谈关于"闹蓝"一词的训释》,《俗语言研究》第4期,1997年8月。

沈亦军《"闹蓝"不是象声词——与袁津琥先生商榷》,《俗语言研究》第4期,1997年8月。

[日]入矢义高《说"师心"》,蔡毅译,《俗语言研究》第5期,1998年8月。

[日]芳泽胜弘《关于"还他……"》,[日]神野恭行译,《俗语言研究》第5期,1998年8月。

徐时仪《谈"不成"的语法化》,《俗语言研究》第5期,1998年8月。

袁宾《"啰啰哩"考》(外五题——禅录里的"眉"系词语、诵讹、合头、再释"闹蓝"、"不可"补正),《中国禅学》第1卷,中华书局,2002年。

朱庆之《王梵志诗的"八难"和"八字"》,《中国禅学》第1卷,中华书局,2002年。

徐时仪《禅宗语录中"啰啰哩"语探源》,《中国禅学》第2卷,中华书局,2003年。

[日]衣川贤次《禅宗语录导读(一)》,蔡毅译,《俗语言研究》创刊号,1994年2月。

[日]衣川贤次《禅宗语录导读(二)》,蔡毅译,《俗语言研究》第2期,1995年6月。

[日]衣川贤次《禅宗语录导读(三)》,蔡毅译,《俗语言研究》第3期,1996年6月。

[日]柳田圣山《禅籍解题(1)——敦煌禅籍》,殷勤译,《俗语言研究》第2期,1995年6月。

[日]柳田圣山《禅籍解题(2)——敦煌禅籍》,殷勤译,《俗语言研究》第3期,1996年6月。

[日]田中良昭《禅籍解题(1)——敦煌禅籍补遗(1)》,殷勤译,《俗语言研究》第3期,1996年6月。

俗语言研究编辑部《禅籍解题(1)——敦煌禅籍补遗(2)》,《俗语言研究》第3期,1996年6月。

[日]柳田圣山《禅籍解题(3)——宋代禅籍(1)》,蒋寅译,《俗语言研究》第5期,1998年8月。

[日]西胁常记《关于伯林吐鲁番收集品中的禅籍资料》,裘青云译,《俗语言研究》第4期,1997年8月。

3. 博士论文

蔡荣婷《唐代诗人与佛教关系之研究——兼论唐诗中的佛教语汇意象》,政治大学,1992年。

[韩]宋寅圣《〈祖堂集〉虚词研究》,中国文化大学,1996年。

[韩]朴英绿《〈祖堂集〉意味虚化动词研究》,成均馆大学,1997年。

王锦慧《敦煌变文与〈祖堂集〉疑问句比较研究》，台湾师范大学，1997年。

[韩]张皓得《〈祖堂集〉否定词之逻辑与语义研究》，政治大学，1998年。

欧阳宜璋《赵州公案语言的模棱性研究》，政治大学，2001年。

温振兴《〈祖堂集〉助词研究》，上海师范大学，2006年。

鞠彩萍《〈祖堂集〉谓语动词研究》，上海师范大学，2006年。

詹绪左《〈祖堂集〉词语研究》，上海师范大学，2006年。

田春来《〈祖堂集〉介词研究》，上海师范大学，2007年。

范春媛《禅籍谚语研究》，南京师范大学，2007年。

4. 硕士论文

伍华《唐宋禅宗语录的疑问句研究》，中山大学，1982年。

曹广顺《〈祖堂集〉助词研究》，中国社会科学院，1984年。

蔡荣婷《〈景德传灯录〉之研究——以禅师启悟弟子之方法为中心》，政治大学，1984年。

郝慰光《唐朝禅宗语录语法分析》，辅仁大学，1984年。

欧阳宜璋《〈碧岩集〉的语言风格研究：以构词法为中心》，政治大学，1993年。

具熙卿《宋代禅宗语录被动式语法研究：以被字句、为字句为例》，政治大学，1998年。

郭维茹《句末助词"来"、"去"：禅宗语录之情态体系研究》，台湾大学，2000年。

王文杰《〈六祖坛经〉句法研究》，中正大学，2001年。

李斐雯《〈景德传灯录〉疑问句研究》，成功大学，2001年。

李涛贤《禅宗俗谚初探》，四川大学，2003年。

林丽《禅宗语言中的比喻研究》，四川大学，2003年。

肖兰萍《唐宋禅宗语录特指问句研究》,四川大学,2003年。

韩维善《五种禅宗语录中的虚词研究》,西北师范大学,2004年。

刘海平《〈古尊宿语要〉疑问句研究》,湖南师范大学,2005年。

汪允《〈祖堂集〉与〈景德传灯录〉词尾研究》,陕西师范大学,2005年。

梅轶洁《〈祖堂集〉数词的语法研究》,上海师范大学,2005年。

李福唐《〈祖堂集〉介词研究》,上海师范大学,2005年。

齐焕美《〈祖堂集〉词缀研究》,上海师范大学,2006年。

叶松华《〈祖堂集〉量词研究》,上海师范大学,2006年。

叶千绮《〈祖堂集〉的助动词研究》,中正大学,2006年。

余溢文《〈祖堂集〉代词研究》,上海师范大学,2007年。

李永虎《禅宗"不立文字"说探析》,华中科技大学,2005年。

张宜民《言语幽默的语言学诠释》,合肥工业大学,2005年。

三、进阶论著目录

1. 著作

陈允吉《唐音佛教辨思录》,上海古籍出版社,1988年。

葛兆光《禅宗与中国文化》,上海人民出版社,1986年。

魏道儒《宋代禅宗文化》,中州古籍出版社,1993年。

季羡林《禅和文化与文学》,商务印书馆国际有限公司,1998年。

葛兆光《中国宗教与文学论集》,清华大学出版社,1998年。

葛兆光《门外谈禅》,人民文学出版社,2005年。

赖永海《佛道诗禅》,中国青年出版社,1990年。

张伯伟《禅与诗学》,浙江人民出版社,1992年。

张曼涛主编《禅学论文集》,《现代佛教学术丛刊(2)》,大乘文化出版社，1976年。

张曼涛主编《禅学论文集（第二册）》，《现代佛教学术丛刊（3）》，大乘文化出版社，1977年。

张曼涛主编《禅宗史实考辨》，《现代佛教学术丛刊（4）》，大乘文化出版社，1977年。

张曼涛主编《禅宗典籍研究》，《现代佛教学术丛刊（12）》，大乘文化出版社，1977年。

张曼涛主编《禅宗思想与历史》，《现代佛教学术丛刊（52）》，大乘文化出版社，1978年。

任继愈《汉唐佛教思想论集》，人民出版社，1963年。

傅伟勋《从创造的诠释学到大乘佛学》，东大图书公司，1990年。

杜松柏《禅学与唐宋诗学》，黎明文化公司，1976年；新文丰出版公司，2008年。

周裕锴《中国禅宗与诗歌》，上海人民出版社，1992年；复旦大学出版社，2017年。

周裕锴《百僧一案》，上海古籍出版社，2007年。

林湘华《禅宗与宋代诗学理论》，文津出版社，2002年。

蔡荣婷《〈祖堂集〉禅宗诗偈研究》，文津出版社，2004年。

张勇《傅大士研究》，巴蜀书社，2000年。

谭伟《庞居士研究》，巴蜀书社，2002年。

李壮鹰《禅与诗》，北京师范大学出版社，2001年。

[韩] 朴永焕《苏轼禅诗研究》，中国社会科学出版社，1995年。

张涌泉《敦煌俗字研究》，上海教育出版社，1996年。

张涌泉《敦煌俗字研究导论》，新文丰出版公司，1996年。

黄征《敦煌俗字典》，上海教育出版社，2005年。

吴福祥《敦煌变文语法研究》，岳麓书社，1996年。

潘重规《敦煌坛经新书》，佛陀教育基金会，1994年。

周绍良《敦煌写本〈坛经〉原本》，文物出版社，1997年。

邓文宽、荣新江《敦博本禅籍录校》，江苏古籍出版社，1998年。

李申合校、方广锠简注《敦煌坛经合校简注》，山西古籍出版社，1999年。

杨曾文校写《新版敦煌新本六祖坛经》，宗教文化出版社，2001年。

朱庆之《佛典与中古汉语词汇研究》，文津出版社，1992年。

李维琦《佛经释词》，岳麓书社，1993年。

李维琦《佛经续释词》，岳麓书社，1999年。

俞理明《佛经文献语言》，巴蜀书社，1993年。

梁晓虹《佛教词语的构造与汉语词汇的发展》，北京语言学院出版社，1994年。

颜洽茂《佛教语言阐释——中古佛经词汇研究》，杭州大学出版社，1997年。

汪维辉《东汉—隋常用词演变研究》，南京大学出版社，2000年。

胡敕瑞《〈论衡〉与东汉佛典词语比较研究》，巴蜀书社，2002年。

竺家宁《佛经语言初探》，橡树林文化，2005年。

万金川《佛典研究的语言学转向——佛经语言学论集》，正观出版社，2005年。

吕叔湘《中国文法要略》，商务印书馆，1982年。

吕叔湘著、江蓝生补《近代汉语指代词》，学林出版社，1985年。

徐时仪《古白话词汇研究论稿》，上海教育出版社，2000年。

袁宾、徐时仪等编著《二十世纪的近代汉语研究》，书海出版社，2001年。

王云路、方一新编《中古汉语研究》，商务印书馆，2000年。

胡竹安、杨耐思、蒋绍愚编《近代汉语研究》，商务印书馆，

1992年。

《近代汉语研究（二）》，蒋绍愚、江蓝生编，商务印书馆，1999年。

［日］太田辰夫《汉语史通考》，江蓝生、白维国译，重庆出版社，1991年。

［日］志村良治著，江蓝生、白维国译《中国中世语法史研究》，中华书局，1995年。

江蓝生《魏晋南北朝小说词语汇释》，语文出版社，1988年。

蔡镜浩《魏晋南北朝词语例释》，江苏古籍出版社，1990年。

方一新《东汉魏晋南北朝史书词语笺释》，黄山书社，1997年。

王云路《六朝诗歌语词研究》，黑龙江教育出版社，1999年。

罗维明《中古墓志词语研究》，暨南大学出版社，2003年。

李家树、黄灵庚《唐诗异文义例研究》，香港大学出版社，2003年。

魏耕原《全唐诗语词通释》，中国社会科学出版社，2001年。

王锳《诗词曲语辞例释》（第二次增订本），中华书局，2005年。

王锳《唐宋笔记语辞汇释》（修订本），中华书局，2001年。

王锳、曾明德《诗词曲语辞集释》，语文出版社，1991年。

林昭德《诗词曲词语杂释》，四川人民出版社，1986年。

袁宾《近代汉语概论》，上海教育出版社，1992年。

张永言《世说新语辞典》，四川人民出版社，1992年。

张万起《世说新语词典》，商务印书馆，1993年。

江蓝生、曹广顺《唐五代语言词典》，上海教育出版社，1997年。

蒋礼鸿主编《敦煌文献语言词典》，杭州大学出版社，1994年。

卢润祥《唐宋诗词常用语词典》，湖南出版社，1991年。

顾国瑞、陆尊梧《唐代诗词语词典故词典》，社会科学文献出版社，1992年。

吴士勋、王东明主编《宋元明清百部小说语词大辞典》，陕西人民出版社，1992年。

龙潜庵《宋元语言词典》，上海辞书出版社，1985年。

袁宾等《宋语言词典》，上海教育出版社，1997年。

许少峰主编《近代汉语词典》，团结出版社，1997年。

刘洁修《汉语成语考释词典》，商务印书馆，1989年。

温端政《中国俗语大辞典》，上海辞书出版社，1989年。

翟建波《中国古代小说俗语大词典》，汉语大词典出版社，2002年。

方一新、王云路《中古汉语读本》，吉林教育出版社，1993年。

刘坚《古代白话文献选读》，商务印书馆，1999年。

张涌泉《汉语俗字研究》，岳麓书社，1995年。

张涌泉《汉语俗字丛考》，中华书局，2000年。

杨宝忠《疑难字考释与研究》，中华书局，2005年。

2. 论文

（1）禅宗通论

蒙文通《中国禅学考》，《内学》第1期，1924年12月。

谈玄《中国禅宗的宗要》，《海潮音》第13卷第6期，1932年。

寂籁《禅学要义》，《现代佛教》第5卷第7期，1933年2月。

耐冬《禅宗论义问答》，《海潮音》第14卷第12期，1933年12月。

李一超《禅宗评议》，《海潮音》第15卷第3期，1934年3月。

［日］释宗演《禅与信仰》，雁荡行脚僧译，《晨报》（北平）1935年9月19日。

刘汝霖《中国禅学之方法》，《师大月刊》第26期，1936年4月。

梅光羲《禅宗教义略说》，《广播周报》第92期，1936年6月。

木纳《楞伽四禅之说明》，《现实》第1卷第6期，1936年6月。

化庄《禅与教》，《现实》第1卷第10期，1936年8月。

观仁《禅宗的鸟瞰》，《人海灯》第3卷第12期，1936年12月。

太炎《与欧阳竟无论禅宗传授书》,《制言月刊》第60期,1940年1月。

肖链尘《禅宗研究》,《同愿学报》第1期,1940年12月。

赵慨燕《禅定之原理》,《同愿月刊》第4卷第5—10期,1943年5—10月。

吕澂《禅学考源》,《中国文化研究所集刊》第3卷第1—4期,1943年9月。

和光《禅源新诠》,《同愿月刊》第4卷第10—12期,1943年10—12月。

陈铭枢《禅学》,《文教丛刊》第1卷第1期,1945年2月。

梅光羲《禅宗修行法略录》,《海潮音》第26卷第5期,1945年5月。

吕澂《禅学述原》,《中国文化》第1期,1945年9月。

陈铭枢《〈禅学述原〉辩正》,《中国文化》第2期,1946年6月。

陈铭枢《致钟芳铭书——对〈中国文化〉月刊载〈禅学述原〉正误》,《京沪周刊》第1卷第19期,1947年5月。

华山《禅学小论》,《山东大学学报》(历史版)1963年第4期。

蔡金涛《禅宗的顿悟与渐修》,《幼狮学志》第5卷第1期,1966年8月。

吴怡《禅学的黄金时代》,《东西文化》第7期,1968年1月。

明本《禅宗补述》,《狮子吼》第10卷第1—2期,1975年2月。

白圣《禅宗重实修》,《中国佛教》第24卷第1期,1979年10月。

程兆熊《禅宗讲义》,《中国佛教》第24卷第5期,1980年2月。

圣严《中国佛教的特色——禅与禅宗》,《华冈佛学学报》第4期,1980年10月;又见《宗教世界》第2卷第3期,1981年4月。

徐庆束《论禅宗的反佛祖崇拜倾向》,《国际政治学院学报》

1984年第1期。

吴炎《唐代禅宗对我国佛教的改革》,《社会科学》(上海)1984年第2期。

乐寿明《论佛教的"顿悟"》,《浙江学刊》1984年第2期。

吕秋逸《禅学述原》,《中国哲学》第13辑,1985年。

其庸《什么是"禅"?》,《法音》1985年第3期。

高振农《顿悟和渐悟》,《中国哲学史研究》1985年第4期。

傅铿《禅与科学:两种认知传统》,《书林》1987年第12期。

徐建融《我观禅宗》,《读书》1987年第6期。

李霞《佛教顿悟说与现代直觉思维》,《安徽大学学报》1988年第1期。

赖永海《顿悟与渐修》,《南京大学学报》1988年第1期。

任继愈《禅宗与中国文化》,《社会科学战线》1988年第2期。

唐仲容《试述顿悟成佛义》,《法音》1988年第2期。

穆阿《顿、渐之争话禅宗》,《课外学习》1988年第3期。

秋语《试析禅宗"顿悟说"的特征》,《上海师范大学学报》1988年第3期。

邓建新、周忆《从禅宗的兴盛看社会存在和社会意识的关系》,《西北民族学院学报》1988年第4期。

真禅《直指人心,见性成佛——曹溪禅之二》,《玉佛丈室集》,1988年。

真禅《百丈禅风千古传——曹溪禅之三》,《玉佛丈室集》,1988年。

真禅《谈谈禅宗》,《玉佛丈室集》,1988年。

真禅《答胡培炯问禅》,《玉佛丈室集》,1988年。

真禅《中国禅宗与印度佛教》,《玉佛丈室集》,1988年。

洪修平《人心、佛性与解脱:中国禅宗心性论探源》,《南京大学学报》1989 年第 1 期。

尤西林《从佛学到佛教：佛教中国化的实质》，《陕西师范大学学报》1989 年第 3 期。

蒙培元《禅宗心性论试析》，《中国社会科学院研究生院学报》1989 年第 3 期。

翁美琪《试论禅宗的非理性主义》，《上海社会科学院学术季刊》1989 年第 4 期。

皮朝纲、董运庭《中国文化的杰作——禅》，《西南民族学院学报》1989 年第 4 期。

方立天《禅悟思维简论》，《五台山研究》1989 年第 1 期。

方立天《禅悟思维简论（续）》，《五台山研究》1989 年第 2 期。

潘平《佛·道·诗·禅——关于中国佛教文化的对话》，《未定稿》1989 年第 11 期。

洪修平《略论禅宗的中国化特色》，《世界宗教研究》1990 年第 1 期。

陈明《禅宗的意义世界——从文化学角度对中国化佛教的解释》，《学术月刊》1990 年第 9 期。

顾伟康《禅宗——中国文化和印度文化的相互选择》，《上海社会科学院学术季刊》1990 年第 4 期。

贺军《禅宗"三论"总体思考》，《西部学坛》1990 年第 4 期。

洪修平《禅宗——传统哲学发展的重要环节》，《南京大学学报》1990 年第 5 期。

金丹元《禅思的基本特征及其与无意识之关系》，《哲学研究》1990 年增刊。

金丹元《以佛学禅见释"意境"》，《云南民族学院学报》1991 年第 1 期。

皮朝纲、董运庭《"见山是山,见水是水"——禅与生命感受的充分诞生》,《云南师范大学学报》1991年第1期。

张锡坤《印度禅与中国禅》,《蒲峪学刊》1991年第2期。

张锡坤《禅与宇宙无意识》,《东北师大学报》1991年第2期。

李志林《禅学何以成为中国最流行的佛学:兼论禅学的中国化》,《学术月刊》1991年第3期。

石秋《"是同是别"与禅的本意》,《云南师范大学学报》1991年第4期。

汤一介《禅师话禅宗》,《百科知识》1991年第5期。

邢东风《中国佛教南宗禅的无法之法》,《哲学研究》1991年第6期。

石朝颖《禅学与哲学的心灵疗养》,《普门学报》第3期,2001年5月。

吴立民《论祖师禅》,《中国禅学》第1卷,中华书局,2002年6月。

方立天《论文字禅、看话禅、默照禅与念佛禅》,《中国禅学》第1卷,中华书局,2002年6月。

魏道儒《关于宋代文字禅的几个问题》,《中国禅学》第1卷,中华书局,2002年6月。

楼宇烈《"不由经教"和"由教悟宗"》,《中国禅学》第1卷,中华书局,2002年6月。

刘泽亮《语默之间——"不立文字"和"不离文字"》,《中国禅学》第1卷,中华书局,2002年6月。

董群《从慧能禅学看禅宗的内在超越性》,《中国禅学》第1卷,中华书局,2002年6月。

(2)禅宗思想研究

巴壶天《禅宗的思想》,《中国文化论集(一)》,中华文化出版事业委员会，1954年12月。

鉴安《禅宗的思想与风范》，《现代佛学》1955年第5期。

鉴安《禅宗的思想与风范（续）》，《现代佛学》1955年第6期。

任继愈《禅宗哲学思想略论》，《哲学研究》1957年第4期；又见《汉—唐中国佛教思想论集》，生活·读书·新知三联书店，1963年。

潘桂明《临济宗思想初探》，《世界宗教研究》1983年第3期。

刘楚华《从看心法考察早期禅宗思想的发展》（英文），《哲学年刊》（哲学会）1985年6月第3期。

刘百平《浅探禅宗本体论》，《中山大学研究生学刊》1986年第2期。

赖永海《禅宗前后期思想比较研究》，《中国社会科学院研究生院学报》1987年第5期。

潘桂明《曹洞宗"回互"学说述评》，《安徽大学学报》1990年第1期。

李豫川《禅宗对传统美学思想的影响》，《禅》1991年第1期。

黄总舜《禅宗作为超功利性的审美人生哲学》，《禅》1991年第4期。

汤一介《论禅宗思想中的内在性和超越性问题》，《北京社会科学》1990年第4期。

吕孝龙《妙悟与趣味——禅宗美学思想评析》，《云南师范大学学报》1991年第1期。

龚隽《念佛禅——一种思想史的读解》，《普门学报》第7期，2002年1月。

姚卫群《佛教禅思想的形成发展及主要特点》，《中国禅学》第1卷，中华书局，2002年6月。

彭自强《支遁禅学思想中的道家因素》，《中国禅学》第1卷，中华书局,2002年6月。

惟贤《论达摩禅》,《中国禅学》第1卷,中华书局,2002年6月。

杨维中《从南宗与北宗心性思想的差异看禅宗的正式形成》,《中国禅学》第1卷,中华书局,2002年6月。

赖永海《顿悟渐修与鱼兔筌蹄》,《普门学报》第10期,2002年7月。

孙金波《牛头禅与般若空观的关涉》,《普门学报》第10期,2002年7月。

陈盛港《从〈南阳和上顿教解脱禅门直了性坛语〉论荷泽神会之教法》,《普门学报》第12期,2002年11月。

慧昭《论〈金刚经〉人间佛教思想对南宗禅的影响与发展》,《普门学报》第13期,2003年1月。

[日]小岛岱山《〈六祖坛经〉与华严思想——敦煌本〈坛经〉的无相戒与妄尽还源观》,《普门学报》第14期,2003年3月。

杨富学、王书庆《东山法门及其对敦煌禅修的影响》,《中国禅学》第2卷,中华书局,2003年5月。

[日]西本照真《论三阶教与禅宗在思想上的接近——以"自我"认识与"他者"认识为中心》,《中国禅学》第2卷,中华书局,2003年5月。

韩焕忠《天台智颢的禅学体系》,《中国禅学》第2卷,中华书局,2003年5月。

明心《摩诃迦叶在禅思想史上的意义——以拈花微笑等公案为中心》,《中国禅学》第2卷,中华书局,2003年5月。

博士论文

郑真熙《默照禅与看话禅比较研究》,台湾师范大学,2001年。

黄连忠《禅宗公案体相用思想之研究——以〈景德传灯录〉为

中心》，台湾师范大学，1999年。

(3) 禅宗史研究

胡适《禅学古史考》，《新月》第1卷第6期，1928年8月。

胡适《中国禅学的发展》，《晨报》（北平）1934年12月8日、14—17日、21—26日。

胡适《中国禅学之发展》，吴奔星等记，《师大月刊》第18期，1935年4月。

胡适《楞伽宗考》，《历史语言研究所集刊》第5卷第3期，1935年。

东初《中国禅宗历史之演变》，《海潮音》第17卷第10—12期，1936年10月；第18卷第2期，1937年2月。

张圣慧《禅宗南派五家开祖言行述略》，《海潮音》第17卷第12期，1936年12月。

[日] 忽滑谷快天《达摩以前中土之禅学》，澹庐译，《微妙声》第1卷第1—4期，1936年11月—1937年2月。

邓子琴《晚明临济曹洞二家争辩之问题》，《责善半月刊》第2卷第20期，1942年1月1日。

彭炎西《中国历朝禅僧赴日传法志略》，《留日同学会季刊》第5期，1943年9月。

王新民《五代禅学钩沉》，《福建文化》（新）第2卷第3期，1945年6月。

郦承铭《南宗衣钵（愿堂读书记）》，《文化先锋》第6卷第8—13期，1946年11—12月。

印海《禅宗史略》(1)(2)，《海潮音》第49卷第11、12期，1968年11月、12月。

李富华《略论禅宗的形成》，《世界宗教研究》1979年第1期。

黄益毅《禅宗五枝派别述略》，《香港佛教》第236期，1980年

1月。

李洁华《唐宋禅宗之地理分布》,《新亚学报》第13期,1980年6月。

郭朋《禅宗五家——禅宗思想研究之二》,《世界宗教研究》1981年第1期。

陈荣波《禅宗五家宗旨与宗风》,《佛光学报》第6期,1981年5月。

彭汪流《杨歧禅宗在中国佛教史上的地位》,《社会科学研究资料》(江西)1982年第18、19期。

温玉成《禅宗北宗初探》,《世界宗教研究》1983年第2期。

释圣严《明末中国的禅宗人物及其特色》,《华冈佛学学报》第7期,1984年。

温玉成《禅宗北宗续探》,《世界宗教研究》1985年第2期。

杨惠南《禅史与禅思(4)(5)——中国禅的成立与分派》,《鹅湖月刊》第126、127期,1985年12月、1986年1月。

裘之倬等《曹洞宗在江西:曹洞宗的起源及其盛化地》,《争鸣》1986年第2期。

李军《禅宗南北之争》,《历史知识》1987年第1期。

严北溟、洪修平《禅宗的形成及其初期思想》,《文献》1989年第4期。

何云《禅宗洪州宗述评》,《湘潭大学学报》1990年第3期。

辛增明《晚唐时期宜丰境内佛教兴盛原因探赜》,《争鸣》1990年第3期。

温金玉《临济禅风述要》,《禅》1991年第2期。

[日]田里亦无《道元禅研思录》,陈星桥译,《禅》1991年第2—4期。

魏道儒《宋代禅宗的"文字禅"》,《世界宗教研究》1991年第1期。

龚隽《作为思想史的禅学写作——以汉语语境禅学研究为中心的方法论考察》,《佛学研究中心学报》第5期,2000年7月。

[美]马克瑞《审视传承——陈述禅宗的另一种方式》,《中华佛学学报》第13期,2000年。

洪修平《论惠能大师革新佛教的意义及对佛教中国化的推进》,《普门学报》第1期,2001年1月。

徐文明《曹洞宗归宗青原一系的原因初探》,《普门学报》第2期,2001年3月。

徐文明《洞山良价与曹洞宗风》,《普门学报》第8期,2002年3月。

杨曾文《慧南与临济宗黄龙派》,《普门学报》第13期,2003年1月。

喻娟《于马祖处小窥禅宗思想、禅风发展》,《普门学报》第16期,2003年7月。

[日]西胁常记《舍利信仰和僧传——为了有助于理解〈禅林僧宝传〉》,《中国禅学》第3卷,中华书局,2004年11月。

[日]铃木哲雄《唐五代湖南地区禅宗的兴起》,《中国禅学》第3卷,中华书局,2004年11月。

[日]石井修道《宋代禅宗史的特色——以宋代灯史的系谱为线索》,《中国禅学》第3卷,中华书局,2004年11月。

(4) 禅宗与文学研究

叶梦雨《宋代禅学与文学之关系》,《东方文化》第2卷第1期,1943年1月。

杨同芳《诗僧寄禅的生活及作品（一—五）》,《世界月刊》第3

卷第1—5期，1948年7—11月。

何朋《略论禅宗与中国文学》，《华国》1957年第1期。

秦寰明《禅悟与诗悟——佛教在认识、思维理论上对古代诗论的影响》，《学术月刊》1984年第9期。

吴惠娟《浅论禅宗对宋诗的影响》，《学术月刊》1985年第11期。

周义敢《北宋的禅宗与文学》，《文学遗产》1986年第3期。

缪家福《禅境意象与审美意象》，《文艺研究》1986年第5期。

周振甫《谈谈以禅喻诗》，《文史知识》1986年第10期。

崔大江《"诗禅相通"说略论》，《华南师范大学学报》1987年第2期。

张石《"蛙跃古池内，静潴传清响"：谈芭蕉俳句中的禅趣》，《读书》1987年第11期。

毛炳身、毛小雨《禅宗与元杂剧》，《中州学刊》1988年第2期。

李壮鹰《诗与禅》，《北京师范大学学报》1988年第4期。

王琦珍《禅宗与宋代江西作家》，《江西师范大学学报》1988年第4期。

马国柱《禅"悟"与审美直觉》，《辽宁教育学院学报》1989年第4期。

吴功正《禅宗：直觉性美结构体》，《社会科学家》1989年第6期。

张晶《宋诗的"活法"与禅宗的思维方式》，《文学遗产》1989年第6期。

于民《空王之道助而意境成——谈佛教禅宗对意境认识生成的作用》，《文艺研究》1990年第1期。

常青《禅宗"顿悟"与艺术灵感》，《西部学坛》1990年第3期。

金丹元《禅意开悟与唐宋神韵》,《上海文论》1990年第6期。

肖建华《禅与唐代山水诗》,《江汉论坛》1990年第7期。

孙德彪、刘清艳《试谈禅宗对古代文论之影响》,《延边大学学报》1991年第1期。

周裕锴《禅宗与宋诗》,《古典文学知识》1991年第2期。

风人《诗禅与王摩诘》,《畅流》第24卷第11期,1962年1月。

杜松柏《禅宗对王维诗风的影响》,《中央日报》1967年6月2日—5日;又见《海潮音》第48卷第10期,1967年10月。

陶林《王维的禅宗审美观及其山水诗的空灵风格》,《浙江师范学院学报》1984年第3期。

史双元《论王维诗作中的禅趣》,《四川师范大学学报》1986年第6期。

邱瑞祥《禅宗的"净心"思想与王维的山水诗创作》,《贵州大学学报》1989年第3期。

李豫川《王维及其禅意诗》,《禅》1991年第2期。

青峰《关于寒山诗与禅》,《文艺复兴》第1卷第10期,1970年10月。

黄博仁《寒山年代之研究》,《夏声》第143期,1976年10月。

黄博仁《寒山身世之研究》,《夏声》第145期,1976年12月。

蔡荣婷《〈孟录〉270号牧牛诗残卷考释》,《中正大学学报》第7卷第1期,1996年12月。

蔡荣婷《唐湘山宗慧禅师〈牧牛歌〉析论》,《中正大学中文学术年刊》创刊号,1997年12月。

蔡荣婷《宋代禅宗牧牛组诗初探》,《中正大学学报》第8卷第1期,1997年12月。

蔡荣婷《唐五代禅宗牧牛诗初探》,《山鸟下听事,檐花落酒中——唐代文学论丛》，（高雄）丽文文化公司，1998年。

蔡荣婷《唐五代禅宗牧牛喻探析——以青原法系为考察中心》，《中正大学学报》第10卷第1期，1999年12月。

蔡荣婷《唐五代禅宗牧牛喻探析——以南岳法系为考察中心》，《新国学》第1卷，1999年12月。

蔡荣婷《华亭德诚禅师〈拨棹歌〉初探》，《第五届唐代文化学术研讨会论文集》，（高雄）丽文文化公司，2001年9月。

吴言生《论〈大乘起信论〉对禅思禅诗的影响》，《普门学报》第3期，2001年5月。

林湘华《禅宗与宋代诗歌创作论》，《普门学报》第6期，2001年11月。

孙昌武《禅宗与古典诗歌的关系》，《中国禅学》第1卷，中华书局，2002年6月。

张晶《禅与诗三题》，《中国禅学》第1卷，中华书局，2002年6月。

龚鹏程《唐代的文人与佛教》，《中国禅学》第2卷，中华书局，2003年5月。

萧丽华、吴静宜《从不立文字到不离文字——唐代僧诗中的文字观》，《中国禅学》第2卷，中华书局，2003年5月。

黎荔《现代意境理论的禅趣》，《中国禅学》第2卷，中华书局，2003年5月。

皮朝纲《禅宗美学论纲》，《中国禅学》第2卷，中华书局，2003年5月。

周裕锴《宋代禅宗渔父词研究》，《中国俗文化研究》第1辑，巴蜀书社，2003年。

蔡荣婷《唐宋时期禅宗渔父词的流衍》，《华林》第3卷，中华书局,2004年。

张勇《晚唐时期中国禅宗南岳系的白话诗》,《中国禅学》第3期,中华书局,2004年11月。

祁伟、周裕锴《从禅意的"云"到禅意的"屋"——禅宗山居诗中两个意象的分析》,《文学遗产》2007年第3期。

查屏球《"赵倚楼""一笛风"与禅宗语言——由杜牧等人对语言艺术的追求看经典语汇的形成》,《文学遗产》2007年第4期。

博士论文

祁伟《佛教山居诗研究》,四川大学,2007年。

(5) 敦煌文献语言研究

方广锠《敦煌写经〈佛说孝顺子修行成佛经〉简析》,《南亚研究》1988年第2期。

王继如《〈维摩碎金〉校释补正》,《俗语言研究》创刊号,1994年2月。

方一新《敦煌变文校读札记》,《俗语言研究》创刊号,1994年2月。

段观宋《〈敦煌歌辞总编〉校订补正》,《俗语言研究》第2期,1995年6月。

汪维辉《〈敦煌变文集〉校读散记》,《俗语言研究》第2期,1995年6月。

王继如《〈丑女缘起〉校释补正》,《俗语言研究》第2期,1995年6月。

《〈敦煌变文字义通释〉增订》,蒋礼鸿遗作,黄征整理,《俗语言研究》第3期,1996年6月。

王继如《敦煌疑语寻绎》,《俗语言研究》第3期,1996年6月。

[日] 衣川贤次《〈敦煌新本六祖坛经〉补校》,《俗语言研究》第

3期,1996年6月。

〔日〕中原健二《评项楚著〈王梵志诗校注〉》,刘建译,《俗语言研究》第3期,1996年6月。

〔日〕唐代语录研究班《北京图书馆藏新1254·1255号〈残禅宗文献〉三种补校》,蔡毅译,《俗语言研究》第4期,1997年8月。

王继如《敦煌疑字寻解》,《俗语言研究》第4期,1997年8月。

〔日〕入矢义高《书评二篇》(评张相《诗词曲语辞汇释》、评蒋礼鸿《敦煌变文字义通释》),蔡毅、魏昆译,《俗语言研究》第4期,1997年8月。

〔日〕唐代语录研究班《〈南阳和上顿教解脱门直了性坛语〉补校》,《俗语言研究》第5期,1998年8月。

王继如《〈伍子胥变文〉校释补正(音读部分)》,《俗语言研究》第5期,1998年8月。

程惠新《〈敦煌僧诗校辑〉补校》(上),《俗语言研究》第5期,1998年8月。

曾良《敦煌文献词语杂考》,《俗语言研究》第5期,1998年8月。

方广锠、李际宁、郝春文、邓文宽、赵和平《敦煌文献录校五人谈》,《俗语言研究》第5期,1998年8月。

张涌泉《敦煌文献校录体例之我见》,《俗语言研究》第5期,1998年8月。

方广锠《敦煌本〈坛经〉首章校释疏义》,《中国禅学》第1卷,中华书局,2002年6月。

蒋宗福《敦煌禅宗文献与语文辞书》,《汉语史研究集刊》第7辑,2005年。

张勇《唐五代禅宗的修习典籍——以敦煌写本〈六祖坛经〉为

考察范围》,《普门学报》第10期,2002年7月。

拾文《敦煌写本〈坛经〉是"最初"的〈坛经〉吗》,《法音》1982年第2期。

任继愈《敦煌〈坛经〉写本跋》,《任继愈禅学论集》,商务印书馆,2005年。

冉云华《敦煌遗书与中国禅宗历史研究》,《中国唐代学会会刊》第4期,1993年。

硕士论文

王锦慧《敦煌变文语法研究》,台湾师范大学国文研究所,1993年。

(6) 禅宗典籍整理研究

《六祖坛经研究论集》,张曼涛主编,《现代佛教学术丛刊(1)》,大乘文化出版社,1976年。

柳田圣山《六祖坛经诸本集成解说》,罗丽馨译,《食货》(复刊)第7卷第4号,1977年7月。

[韩] 金知见编《〈六祖坛经〉的世界》(第九次国际佛教学术会议纪要),韩国民族出版社,1989年。

[日] 松本文三郎《〈六祖坛经〉之研究》,许洋主译,《1980年佛学研究论文集》,佛光出版社,1994年。

蔡彦仁《口语宗教经典及其诠释问题——以〈六祖坛经〉为例》,《通识教育》第4卷第3期,1997年9月。

李富华《〈坛经〉的书名、版本与内容》,《中国禅学》第1卷,中华书局,2002年6月。

何照清《〈坛经〉研究方法的反省与拓展——从〈坛经〉的版本考证谈起》,《中国禅学》第2卷,中华书局,2003年5月。

张美兰《〈祖堂集〉文献与点校》,《中国禅学》第2卷,中华书局,2003年5月。

[日]椎名宏雄《天顺本〈菩提达摩四行论〉》,《中国禅学》第2卷,中华书局,2003年5月。

[日]石井公成《则天武后〈大乘入楞伽经序〉与法藏〈入楞伽心玄义〉》,《中国禅学》第2卷,中华书局,2003年5月。

温玉成《李邕"灵岩寺碑颂"研究》,《中国禅学》第2卷,中华书局,2003年5月。

徐文明《〈付法藏经〉与前二十四祖》,《中国禅学》第2卷,中华书局,2003年5月。

[日]伊吹敦《关于〈曹溪大师传〉的编辑过程及其意义》,《中国禅学》第2卷,中华书局,2003年5月。

[日]木村清孝《〈光明藏三昧〉的撰述意图及其思想基础》,《中国禅学》第2卷,中华书局,2003年5月。

杨维中《四祖道信大师〈入道安心要方便法门〉校释》,《中国禅学》第3卷,中华书局,2004年11月。

项楚《寒山诗校勘札记》,《俗语言研究》创刊号,1994年2月。

宗舜《真歇清了及其黑水城本〈劫外录〉》,《中国禅学》第3卷,中华书局,2004年11月。

贾晋华《传世宝志禅偈考辨》,《中国禅学》第3卷,中华书局,2004年11月。

梁晓虹《"句双纸"(禅林句集)与日本近代禅学》,《中国禅学》第3卷,中华书局,2004年11月。

冯国栋《〈五灯会元〉版本与流传》,《宗教学研究》2004年第4期。

(7)汉译佛典语言研究

金克木《谈谈汉译佛教文献》,《江淮论坛》1980年第5期;《印度文化余论——〈梵竺庐集〉补编》,学苑出版社,2002年。

周志锋《〈法苑珠林〉释词》,《俗语言研究》第2期,1995年

6月。

［日］辛岛静志《汉译佛典的语言研究（附篇：佛典汉语三题)》，裘云青译，《俗语言研究》第4期，1997年8月。

［日］辛岛静志《汉译佛典的语言研究（二）》，《俗语言研究》第5期，1998年8月。

梁晓虹《从〈佛说孝顺子修行成佛经〉看"疑伪经"在汉语史研究中的作用》，《汉语现状与历史的研究》，中国社会科学出版社，1999年。

［日］落合俊典《写本一切经的资料价值》，方广锠译，《世界宗教研究》2000年第2期。

梁晓虹《试论魏晋南北朝汉译佛经中的同义复合副词》，《爱知县立大学外国语学部纪要》（言语·文学编）第32号，2000年3月。

万金川《宗教传播与语文变迁：汉译佛典研究的语言学转向所显示的意义》，《正观杂志》第19、20期，2000年。

梁晓虹《试论〈正法华经〉中的同义复合副词》，《语苑集锦——许威汉先生从教五十周年纪念文集》，上海教育出版社，2001年。

朱庆之《佛教混合汉语初论》，《语言学论丛》第24辑，商务印书馆，2001年。

朱庆之《论佛教对古代汉语词汇发展演变的影响（上）》，《普门学报》第15期，2003年5月。

朱庆之《论佛教对古代汉语词汇发展演变的影响（下）》，《普门学报》第16期，2003年7月。

梁晓虹《从名古屋七寺的两部疑伪经资料探讨疑伪经在汉语史研究中的作用》，《普门学报》第17期，2003年9月。

万金川《佛经译词的文化二重奏》，《普门学报》第18期，2003

年11月。

［比］安·贺门《汉语律本名相词汇研究》,《普门学报》第18期,2003年11月。

陈明《新出土的非汉语文献与汉译佛经语言研究》,《普门学报》第21期,2004年5月。

孙尚勇《中古汉译佛经偈颂体式研究》,《普门学报》第27期,2005年5月。

高婉瑜《方便法门——评竺家宁〈佛经语言初探〉》,《普门学报》第30期,2005年11月。

梁晓虹《佛经音义研究的新收获——评徐时仪〈玄应众经音义研究〉》,《普门学报》第31期,2006年1月。

博士论文

詹秀惠《南北朝著译书四种语法研究》,台湾大学,1975年。

杨如雪《支谦与鸠摩罗什译经疑问句研究》,台湾师范大学,1998年。

硕士论文

刘芳薇《〈维摩诘所说经〉语言风格研究》,中正大学,1995年。

林昭君《东汉佛典之介词研究》,中正大学,1998年。

四、日 文 书 目

1. 著作

《禅学辞典》,安藤文英、神保如天编,无我山房,1915年;正法眼藏註解全书刊行会,1958年。

《禅宗辞典》,山田孝道著,光融馆,1918年;山田孝道原著,深见要言著,日本仏書刊行会,1965年;東京国書刊行会,1975年。

《禅学研究入门》，田中良昭编，大東出版社，1994年7月初版；2006年12月第二版。

柳田聖山《望月仏教大辞典》（増補）（盤珪、祖堂集、鳴道集説），世界聖典刊行協会，1956—1958年。

《禅語字彙》，中川渋庵著，興正会出版部，1935年；今井福山校，柏林社書店，1935年；今井福山校，森江書店，1956年。

《禅録慣用語俗語要典》，柴野恭堂著，思文閣出版，1980年。

《禅語事典》，平田精耕著，PHP研究所，1988年。

《禅語辞典》，入矢義高監修，古賀英彦編著，思文閣出版，1991年。

《禅学大辞典》，禅学大辞典編纂所編，大修館書店，1978年初版，1985年新版。

《基本典籍叢刊》（全12巻15冊，含祖堂集、祖堂集索引、東禅寺景徳伝灯録、景徳伝灯録索引2冊、虚堂録附索引、虚堂録犂耕2冊、五家正宗賛、五家正宗賛助桀2冊、碧巌録索引附種電鈔、従容庵録附索引、槐安国語索引、基本典籍総合索引），禅文化研究所，1990—1994年。

《禅学典籍叢刊》（第1—11巻，別巻），柳田聖山、椎名宏雄編，臨川書店，1999年—2001年。

《禅語辞書類聚》（全3巻，含宗門方語、禅林方語［清僧雷音将来本、無著道忠撰本］、碧巌集方語解、俗語解·禅林句集辨苗、葛藤語箋、碧巌録不二鈔），禅文化研究所，1991—1993年。

《寒山》，入矢義高注，岩波書店，《中国詩人選集》五，1958年。

《達摩の語録》，柳田聖山著，筑摩書房，《禅の語録》第1冊，1969年。

《初期の禅史Ⅰ》，柳田聖山著，筑摩書房，《禅の語録》第2冊，

1971年。

《六祖壇経》，中川孝著，筑摩書房，《禅の語録》第4册，1976年。

《龐居士語録》，入矢義高著，筑摩書房，《禅の語録》第7册，1973年。

《伝心法要・宛陵録》，入矢義高著，筑摩書房，《禅の語録》第8册，1969年。

《雪竇頌古》，入矢義高、梶谷宗忍、柳田聖山著，筑摩書房，《禅の語録》第15册，1981年。

《信心銘・証道歌・十牛図・坐禅儀》，梶谷宗忍、柳田聖山、辻村公一著，筑摩書房，《禅の語録》第16册，1974年。

《馬祖の語録》，入矢義高編，禅文化研究所，1984年。

《玄沙広録（上、中、下）》，入矢義高監修，唐代語録研究班編，禅文化研究所，1987—1999年。

《臨済録》，入矢義高訳注，岩波文庫，1989年。

《臨済録》，入矢義高訳注，ワイド版岩波文庫，1991年。

《碧巌録（上、中、下）》，入矢義高、溝口雄三、末木文美士、伊藤文生訳注，岩波文庫，1992—1996年。

《景徳伝灯録（三）》，入矢義高監修，景徳伝灯録研究会編，禅文化研究所，1993年。

《景徳伝灯録（四）》，入矢義高監修，景徳伝灯録研究会編，禅文化研究所，1997年。

《大応録》，柳田聖山訓注，其中堂，1957年。

《臨済録》，柳田聖山訓注，其中堂，1961年。

《中世禅家の思想》，市川白弦、入矢義高、柳田聖山校注，岩波書店，《日本思想大系》第16册，1972年。

《求道と悦楽——中国の禅と詩》，入矢義高著，岩波書店，

1983年。

《自己と超越：禅・人・ことば》，入矢義高著，岩波書店，1986年。

《空花集——入矢義高短篇集》，入矢義高著，思文閣出版，1992年。

《初期禅宗史書の研究》，柳田聖山著，法蔵館，1967年。

《中国禅宗史（その一）》，柳田聖山著，花園大学学生仏教研究会，1967年。

《無の探求〈中国禅〉》，柳田聖山、梅原猛著，角川書店，《仏教の思想》第7册，1969年。

《禅家語録集》，唐木順三編，筑摩書房，《日本の思想》第10册，1969年。

《破るもの》，柳田聖山著，春秋社，1970年。

《臨済ノート》，柳田聖山著，春秋社，1971年。

《臨済録》，柳田聖山著，大蔵出版，《仏典講座》第30册，1972年。

《禅家語録Ⅰ》，柳田聖山、西谷啓治編，筑摩書房，《世界古典文学全集》第36A，1972年。

《禅家語録Ⅱ》，柳田聖山、西谷啓治編，筑摩書房，《世界古典文学全集》第36B，1974年。

《古尊宿語要》，無著校写，中文出版社，柳田聖山主編《禅学叢書》第1種，1973年。

《高麗本禅門撮要・禅源諸詮集都序・法集別行録節要》，中文出版社，《禅学叢書》第2種，1974年。

《四家語録・五家語録》，中文出版社，《禅学叢書》第3種，1974年。

《祖堂集》，中文出版社，《禅学叢書》第4種，1974年。

《宋蔵遺珍 宝林伝・伝灯玉英集》，中文出版社，《禅学叢書》第5種，1975年。

《宋版・高麗本景徳伝灯録》，中文出版社，《禅学叢書》第6種，1976年。

《六祖壇経諸本集成》，柳田聖山主編，中文出版社，《禅学叢書》第7種，1976年。

《敕修百丈清規左觿・庸峭余録》，無著道忠撰，中文出版社，《禅学叢書》第8種，1977年。

《禅林象器箋・葛藤語箋・禅林句集辨苗》（上、下册），無著道忠撰，中文出版社，《禅学叢書》第9種，1979年。

《臨済録抄書集成》（上、下册），中文出版社，《禅学叢書》第10種，1980年。

《禅の遺偈》，柳田聖山著，潮文社，1973年。

《禅語録》，柳田聖山編集，中央公論社，《世界の名著》続3册，1974年。

《禅思想：その原型をあらう》，柳田聖山著，中央公論社，1975年；1998年。

《初期の禅史Ⅱ》，柳田聖山著，筑摩書房，《禅の語録》第3册，1976年。

《祖堂集索引》（上、中、下），柳田聖山編，京都大学人文科学研究所，1980—1984年。

《禅語の四季》，柳田聖山著，《茶道文化選書》，淡交社，1982年。

《純禅の時代——祖堂集ものがたり》，柳田聖山著，禅文化研究所，1984年。

《続純禅の時代——祖堂集ものがたり》，柳田聖山著，禅文化研究所，1985年。

《禅の文化　資料編・禅林僧宝伝訳注》，柳田聖山編，京都大学人文科学研究所，1988年。

《禅語余滴》，柳田聖山著，禅文化研究所，1989年。

《禅文献の研究（上、下）》，法蔵館，《柳田聖山集》第2、3巻，2001、2006年。

《臨済録》，柳田聖山訳，中央公論新社，2004年。

《現代語訳碧巌録（上、中、下）》，《碧巌録》研究会訳，岩波書店，2001—2003年。

《神会——敦煌文献と初期の禅宗史》，《唐代の禅僧》2，小川隆著，臨川書店，2007年。

《語録のことば——唐代の禅》，小川隆著，禅文化研究所，2007年。

《語録のことば——〈碧巌録〉と宋代の禅》，小川隆著，禅文化研究所，2010年。

《中国語歴史文法》，太田辰夫著，江南書院，1958年；朋友書店，1981年。

《中国語史通考》，太田辰夫著，白帝社，1988年；1999年。

《唐宋俗字譜・祖堂集之部》，太田辰夫編，汲古書院，1982年。

《〈禅門宝蔵録〉の基礎的研究》，西口芳男編，《花園大学国際禅学研究所研究報告》第7冊，花園大学国際禅学研究所，2000年。

2. 论文

入矢義高《高名凱氏の"唐代禅家語録に見える語法成分"を読む》，《中国語学研究会会報》第2号，1951年2月。

入矢義高《句終詞"在"について——呂叔湘氏の論考への批判》，《中国語学研究会会報》第14号，1953年5月。

入矢義高《王梵志について（上）》,《中国文学報》第3冊,1955年10月。

入矢義高《王梵志について（下）》,《中国文学報》第4冊,1956年4月。

入矢義高《王梵志詩集攷》,《神田博士還暦記念書誌学論集》,平凡社,1957年。

入矢義高《寒山詩管窺》,《東方学報》第28号,1958年3月。

入矢義高《禅語つれづれ（一）（八）》,筑摩書房"講座禅"第18号,1967年8月/月報（1968年11月）。

入矢義高《中国の詩と禅》,《講座禅》第5号,筑摩書房,1968年1月。

入矢義高《寒山——その人と詩》,《古美術》第27号,1969年9月。

入矢義高《空と浄》,《福井博士頌寿記念東洋文化論集》,早稲田大学出版部,1969年。

入矢義高《禅と言葉（一）》（《禅語つれづれ》の再録）,《禅文化》第56号,1970年3月。

入矢義高《禅と言葉（二）》（《禅語つれづれ》の再録）,《禅文化》第57号,1970年6月。

入矢義高《禅問答というもの》,《太陽》第134号,1974年7月。

入矢義高《表詮と遮詮》,中央公論社,中公バックス,《世界の名著》第18冊《禅語録》,1978年。

入矢義高《鼎談：日本禅と中国禅（一）—（三）》,《日本の禅語録》10,講談社,1979年11月/月報第18—20号（1980年2月）。

入矢義高《禅と文学》,《別冊太陽》第31号《禅》,平凡社,1980年6月。

入矢義高《敦煌写本の禅文献》,《鈴木大拙全集》(再版)第3巻,月報,岩波書店,1980年12月。

入矢義高《生と死——水と氷の喩えをめぐって》,《仏教史学研究》第23巻第1号,1981年1月。

入矢義高《講演:臨済録雑感》,《禅文化》第100号,1981年3月。

入矢義高《講演:雪峰と玄沙(上)》,《禅文化》第106号,1982年10月。

入矢義高《講演:雪峰と玄沙(下)》,《禅文化》第107号,1983年1月。

入矢義高《講演:明と暗》,《禅文化》第110号,1983年10月;《禅と哲学》,禅文化研究所,1988年。

入矢義高《麻三斤》,《禅学研究》第62号,1983年11月。

入矢義高《雲門の禅・その〈向上〉ということ》,《図書》第420号,1984年8月。

入矢義高《薬山の没蹤跡》,《禅文化》第114号,1984年10月。

入矢義高《虚堂の偈頌を読むために》,《大徳寺墨蹟全集》第一巻,毎日新聞社,1984年11月。

入矢義高《禅と文学——鏡清の雨滴声をめぐって》,《禅文化》第115号,1985年1月。

入矢義高《乾屎橛》,《図書》第431号,1985年7月。

入矢義高《求道と迷道》,《理想》第633号,1986年3月。

入矢義高《講演:中国口語史の構想》,《集刊東洋学》第56号,1986年11月。

入矢義高《遊山と悟り——禅宗にみる求道と楽道》,G-TEN第19号,1987年5月。

入矢義高《講演：師心ということ》,《禅文化》第128号,1988年4月。

入矢義高《講演：南泉斬猫》,《観音講座たより》第38号,1990年2月。

入矢義高《語録の言葉と文体》,《禅学研究》第68号,1990年3月。

入矢義高《講演：南泉斬猫私解》,《禅文化》第136号,1990年4月。

入矢義高《詩と禅の境》,《新日本古典文学大系》第48冊,月報,岩波書店,1990年7月。

入矢義高《講演：無著道忠の禅学とその展開》,"第七六回大蔵会"(花園大学企画広報課),1991年3月。

入矢義高《玄沙の臨済批判》,《松ヶ岡文庫研究年報》第5号,1991年3月。

入矢義高《講演：雲門との機縁》,《禅文化研究所紀要》第17号,1991年5月。

入矢義高《講演：詩偈について》,《禅文化》第142号,1991年10月。

入矢義高《講演：ことばと禅》,《中国——社会と文化》第7号,1992年6月。

禅文化研究所唐代語録研究会第二班《〈南泉語要〉第一則上堂訳注》,《禅文化研究所紀要》第19号,1993年5月。

柳田聖山《〈祖堂集〉の資料価値1》,《禅学研究》第44号,1953年10月。

柳田聖山《灯史の系譜》,《日本仏教学会年報》第19号,1953年4月。

柳田聖山《興化存奨の史伝とその語録》,《禅学研究》第48号,1958年3月。

柳田聖山《虚堂と大応との相契》,《禅学研究》第49号,1959年2月。

柳田聖山《南院慧顒》,《禅学研究》第50号,1960年2月。

柳田聖山《思想という語をめぐって》,《印度学仏教学研究》8(1),1960年1月。

柳田聖山《臨済栽松の話と風穴延沼の出生》,《禅学研究》第51号,1961年2月。

柳田聖山《禅門経について》,《塚本博士頌寿記念仏教史学論集》,1961年2月。

柳田聖山《臨済録にみえる仏教学的諸問題について》,《印度学仏教学研究》9(2),1961年3月。

柳田聖山《臨済録ノート》,《禅学研究》第52号,1962年3月。

柳田聖山《祖師禅の源と流》,《印度学仏教学研究》10(1),1962年3月。

柳田聖山《看話禅における信と疑の問題》,《日本仏教学会年報》第28号,1963年3月。

柳田聖山《曹洞五位説の一側面》,《印度学仏教学研究》11(2),1963年3月。

柳田聖山《大乗戒経としての六祖壇経》,《印度学仏教学研究》12(1),1964年3月。

柳田聖山《祖堂集の本文研究1》,《禅学研究》第54号,1964年7月。

柳田聖山《禅の仏伝》,《印度学仏教学研究》13(1),1965年1月。

柳田聖山《中国禅宗史》,《講座禅》第3号,筑摩書房,1967年10月。

柳田聖山《牛頭禅の思想》,《印度学仏教学研究》16(1),1967年12月。

柳田聖山《臨済録ノート(続)》,《禅学研究》第56号,1968年2月。

柳田聖山《馬祖禅の諸問題》,《印度学仏教学研究》17(1),1968年12月。

柳田聖山《中国禅の永遠のことば——六祖のことば、臨済のことば、碧巌のことば》,《大法輪》第36巻第1号,1969年1月。

柳田聖山《百丈の実践と臨済の自由》,《大法輪》第36巻第2号,1969年2月。

柳田聖山《臨済義玄の人間観》,《禅文化研究所紀要》第1号,1969年3月。

柳田聖山《禅語の発掘(その一——その十七)》,《禅の語録月報》,筑摩書房,1969年3月—1981年5月。

柳田聖山《禅宗語録の形成》,《印度学仏教学研究》18(1),1969年12月。

柳田聖山《古尊宿語録考》,《花園大学研究紀要》第2号,1971年3月。

柳田聖山《臨済のことば——「臨済録」口語訳の試み》,《禅文化研究所紀要》第3号,1971年10月。

柳田聖山《大梅法常の遷居の偈》,《光風社書店》周辺1(2),1972年3月。

柳田聖山《宋版古尊宿語録調査報告》,《禅文化研究所紀要》第4号,1972年7月。

柳田聖山《宋版禅籍調査報告》,《禅文化研究所紀要》第5号,1973年10月。

柳田聖山《禅宗の起原——その思想的考察》,《東洋学術研究》14（2）,1975年3月。

柳田聖山《無字の周辺》,《禅文化研究所紀要》第7号,1975年9月。

柳田聖山《忘れがたい言葉》,《在家仏教》第262号,1976年1月。

柳田聖山《禅語コーナー》,《花園》第26巻第2号—第49巻第3号,1976年第2月—1999年第3月。

柳田聖山《唐代の禅学資料》,《問題と研究》6（3）,1976年12月。

柳田聖山《喜風——禅思想史の一つの課題》,《禅文化研究所紀要》第9号,1977年11月。

柳田聖山《雪竇頌古の世界》,《禅文化研究所紀要》第10号,1978年6月。

柳田聖山《〈正法眼蔵〉と公案》,《駒沢大学仏教学部論集》第9号,1978年11月。

柳田聖山《不立文字の世界——禅問答を考える》,《言語生活》第350号,筑摩書房,1981年2月。

柳田聖山《語録の歴史——禅文献の成立史的研究》,《東方学報》第57冊,1985年3月。

柳田聖山《禅の学問》,《京大広報》第354号,1988年6月。

衣川賢次《臨済録札記》,《禅文化研究所紀要》第15号,1988年12月。

衣川賢次《禅の語録を読む（1—3)》,《中国語》,内山書店,

1992年11月—1993年1月。

衣川賢次《祖堂集札記》,《禅文化研究所紀要》第24号,1998年12月。

丘山新、衣川賢次、小川隆《〈祖堂集〉牛頭法融章疏証——〈祖堂集〉研究会報告之一》,《東洋文化研究所紀要》第139册,2000年3月。

松原朗、衣川賢次、小川隆《〈祖堂集〉鳥窠和尚章と白居易——〈祖堂集〉研究会報告之二》,《東洋文化研究所紀要》第140册,2000年12月。

土屋昌明、衣川賢次、小川隆《懶瓚和尚〈楽道歌〉攷——〈祖堂集〉研究会報告之三》,《東洋文化研究所紀要》第141册,2001年3月。

衣川賢次《禅籍の校讐学》,《田中良昭博士古稀記念論集　禅学研究の諸相》,大東出版社,2003年。

衣川賢次《祖堂集の校理》,《東洋文化》第83号,2003年3月。

川島常明、衣川賢次、常盤義伸等《〈正法眼蔵〉巻三下末示衆訳注》,《禅文化研究所紀要》第27号,2004年12月。

衣川賢次《荷沢寺神会和尚五更転訳注》,《禅学研究》特別号（小林圓照博士古稀記念論集　仏教の思想と文化の諸相）,2005年7月。

芳澤勝弘《岩波文庫版〈碧巌録〉劄記》,《禅学研究》第76号,1998年3月。

末木文美士《禅の言語は思想を表現しうるか——公案禅の展開》,《思想》第960号,岩波書店,2004年4月。

小川隆《禅の書物　禅の言葉——〈碧巌録〉雑考》,《禅文化》第185号—　,2002年7月—　。

小川隆《唐代禅宗の思想——石頭系の禅》,《東洋文化》第83

号，2003年3月。

小川隆《庭前の栢樹子——いま禅の語録をどう読むか》，《思想》第960号，岩波書店，2004年4月。

小川隆《趙州の七斤布衫——禅問答の思想史》，《駒沢大学大学院仏教学研究会年報》第39号，2006年5月。

小川隆等《金沢文庫本〈正法眼蔵〉の訳注研究（1—8）》，《駒沢大学禅研究所年報》第12—20号，2001—2008年。

西口芳男《徳山の示衆》，《禅文化研究所紀要》第14号，1987年3月。

3. 书评

入矢義高《張相〈詩詞曲語辞匯釈〉》，《中国語学》第29期，1954年8月；《中国文学報》第1期，1954年10月。

入矢義高《周紹良〈敦煌変文彙録〉》，《中国文学報》第5期，1956年10月。

入矢義高《蒋礼鴻〈敦煌変文字義通釈〉》，《中国文学報》第11期，1959年10月。

波多野太郎《増訂版〈敦煌変文字義通釈〉読後》，《書報》第6号，極東書店，1960年。

入矢義高、上山大峻《敦煌禅文献の現代語訳をめぐって（大乗仏典（11）中国・日本篇〈敦煌Ⅱ〉）》，《花園大学研究紀要》第23号，1991年3月。

柳田聖山《〈禅学大辞典〉書評》，《週刊読書人》第1249号，1978年9月。

衣川賢次《〈臨済録〉入矢義高訳注》，《花園大学研究紀要》第21号，1990年3月。

衣川賢次《袁賓〈禅宗著作詞語匯釈〉》，《月刊中国図書》第4

卷，内山書店，1992年3月。

五、英 文 书 目

Abe, Masao

Zen and Comparative Studies: Part Two of a Two-volume Sequel to Zen and Western Thought, edited by Steven Heine. Honolulu: University of Hawaii Press, 1997.

Zen and Western Thought, edited by William R. LaFleur; Foreword by John Hick. London: Macmillan, 1985.

Aitken, Robert

The Mind of Clover: Essays in Zen Buddhist Ethics, 1st ed. San Francisco: North Point Press, 1984.

Original Dwelling Place: Zen Buddhist Essays, Washington, D. C.: Counterpoint, 1997.

The Practice of Perfection: the Pāramitās from a Zen Buddhist Perspective, New York: Pantheon Books, 1994.

Ames, Van Meter

Zen and American Thought, 1st ed. Honolulu: University of Hawaii Press, 1962.

Bancroft, Anne

Zen: Direct Pointing to Reality, New York: Crossroad, 1979.

Beck, Charlotte Joko

Nothing Special: Living Zen, 1st ed. San Francisco: Harper, 1993.

Blyth, Reginald Horace

Zen in English Literature and Oriental Classics, Tokyo: Hokuseido

Press, 1942.

Buswell, Robert E.

Chinese Buddhist Apocrypha, Honolulu: University of Hawaii Press, 1990.

Cabezón, José Ignacio

Buddhism and Language: A Study of Indo – Tibetan Scholasticism, New York: State University of New York Press, 1994.

Chappell, D. W.

Buddhist and Taoist Studies I , Honolulu: University of Hawaii Press, 1977.

Chuck, James

Zen Buddhism and Paul Tillich: A Comparison of Their Views on Man's Predicament and the Means of Its Resolution, Ann Arbor: University Microfilms International, 1986.

Chun, Paul Sang-wan

The Christian Concept of God and Zen " Nothingness " as Embodied in the Works of Tillich and Nishida, Thesis (Ph.D.) Temple University, 1979.

Cleary, Thomas

Zen Essence: The Science of Freedom, 1st ed. Boston: Shambhala; New York: Distributed in the United States by Randon House, 1989.

Darling, David J.

Zen Physics: The Science of Death, the Logic of Reincarnation, 1st ed., New York: Harper Collins, 1996.

Deshimaru, Taisen

The Ring of the Way: Testament of a Zen Master, compiled by

Evelyn de Smedt and Dominique Dussaussoy, Translated by Nancy Amphoux, 1st American ed., New York: Dutton, 1987.

Dumoulin, Heinrich

A History of Zen Buddhism, translated by Paul Peachey, Boston: Beacon Press, 1969, c1963.

The Development of Chinese Zen, New York: the First Zen Institute of America, 1953.

Zen Buddhism: A History, Volume 1 *India and China*, New York: Macmillan Publishing Company, 1988.

Zen Buddhism in the 20th Century, translated by Joseph O'Leary, 1st ed., New York: Weatherhill, 1992.

Eusden, John Dykstra

Zen and Christian: The Journey Between, New York: Crossroad, 1981.

Faure, Bernard

The Rhetoric of Immediacy: A Cultural Critique of Chan/Zen Buddhism, Princeton: Princeton University Press, 1991.

Chan Insights and Oversights: An Epistemological Critique of the Chan Tradition, Princeton: Princeton University Press, 1993.

The Will to Orthodoxy: A Critical Genealogy of Northern Chan Buddhism, California: Stanford University Press, 1997.

Foulk, Theodore Griffith

The Ch'an School and Its Place in the Buddhist Monastic Tradition, Thesis (Ph.D.), University of Michigan, 1987.

Fromm, Erich

Psychoanalysis and Zen Buddhism, London; Boston: Unwin

Paperbacks, 1986, c1960.

Gregory, Peter N.

Studies in Ch'an and Hua-yen, ed. with Robert M. Gimello, Honolulu: University of Hawaii Press, 1983.

Sudden and Gradual: Approaches to Enlightenment in Chinese Thought, Honolulu: University of Hawaii Press, 1987.

Traditions of Meditation in Chinese Buddhism, Honolulu: University of Hawaii Press, 1986.

Tsung-mi's Inquiry into the Origin of Man: A Study of Chinese Buddhist Hermeneutics, Thesis (Ph.D.), Harvard University, 1981.

Hakeda, Yoshito S. (Trans)

The Awakening of Faith, New York: Columbia University Press, 1967.

Harding, D. E.

On Having No Head: Zen and the Rediscovery of the Obvious, Boston: Arkana, 1986.

Heine, Steven

The Zen Canon: Understanding the Classic Texts, edited with Dale S. Wright, New York: Oxford University Press, 2004.

Hershock, Peter D.

Liberating Intimacy: Enlightenment and Social Virtuosity in Ch'an Buddhism, New York: State University of New York Press, 1996.

Hoover, Thomas

The Zen Experience, New York: New American Library, 1980.

Humphreys, Christmas

A Western Approach to Zen: An Enquiry, Wheaton: Theosophical

Pub. House, 1971.

The Way of Action: A Working Philosophy for Western Life, London: Allen & Unwin, 1960.

Zen Buddhism, London: Unwin Paperbacks, 1984.

Hyers, M. Conrad

Zen and the Comic Spirit, London: Rider, 1974, c1973.

Ives, Christopher

Zen Awakening and Society, Honolulu: University of Hawaii Press, 1992.

Izutsu, Toshihiko

The Interior and Exterior in Zen Buddhism, Dallas: Spring Publications, 1984, c1975.

Toward a Philosophy of Zen Buddhism, Boulder, Prajñā Press, 1982, c1977.

Johnston, William

The Still Point: Reflections on Zen and Christian Mysticism, New York: Fordham University Press, 1977, c1970.

Kammer, Reinhard

Zen and Confucius in the Art of Swordsmanship: The Tengu-geijutsu-ron of Chozan Shissai, translated by Betty J. Fitzgerald, London: Routledge & K. Paul, 1978.

Kasulis, Thomas P.

Zen Action/Zen Person, Honolulu: University of Hawaii Press, 1981.

Keightley, Alan

Into Every Life a Little Zen Must Fall: A Christian Philosopher Looks to Alan Watts and the East, London: Wisdom Publications, 1986.

Kennedy, Robert E.

Zen Spirit, Christian Spirit: the Place of Zen in Christian Life, New York: Continuum, 1995.

Kopp, Wolfgang

Free Yourself of Everything: Radical Guidance in the Spirit of Zen and Christian Mysticism, translated by Barbara Wittenberg-Hasenauer, 1st ed., Boston: C. E. Tuttle Co., 1994.

Lai, Whalen

The Awakening of Faith in Mahayana: A Study of the Unfolding of Sinitic Mahayana Motifs, Thesis (Ph.D.), Harvard University, 1975.

Early Ch'an in China and Tibet, ed. with Lewis R. Lancaster, Berkeley: Asian Humanities Press, 1983.

Levering, Miriam

Ch'an Enlightenment for Laymen: Ta-hui and the New Religious Culture of the Sung, Thesis (Ph.D.), Harvard University, 1978.

Liebenthal, Walter

Chao Lun: the Treatisee of Seng-Chao, Hong Kong: Hong Kong University Press, 1968.

Limaye, Surekha V.

Zen (Buddhism) and Mysticism, Delhi: Sri Satguru Publications, 1992.

Loori, John Daido

The Heart of Being: Moral and Ethical Teachings of Zen Buddhism, 1st ed., Boston: Charles E. Tuttle, 1996.

McRae, John R.

The Northern School and the Formation of Early Ch'an Buddhism, Honolulu: University of Hawaii Press, 1987.

Merton, Thomas

Zen and the Birds of Appetite, New York: New Directions, 1968.

Mizuno, Kogen

Buddhist Sutras: Origin, Development, Transmission, Tokyo: Kosei Publishing Co., 1982.

Nagashima, Takayuki Shono

Truths and Fabrications in Religion: an Investigation from the Documents of the Zen (Ch'an) Sect, London: A. Probsthain, 1978.

Odin, Steve

The Social Self in Zen and American Pragmatism, New York: State University of New York Press, 1996.

Ogata, Sōhaku

Zen for the West: For the Buddhist Society of London, New York: Dial Press, 1959.

Olson, Carl

Zen and the Art of Postmodern Philosophy: Two Paths of Liberation from the Representational Mode of Thinking, New York: State University of New York Press, 2000.

Owens, Claire Myers

Zen and the Lady: Memoirs – Personal and Transpersonal in a World in Transition, New York: Baraka Books, 1979.

Powell, Robert

Zen and Reality: An Approach to Sanity and Happiness on a Non-sectarian Basis, London: Allen & Unwin, 1961.

Ross, Nancy Wilson

Three Ways of Asian Wisdom: Hinduism, Buddhism, Zen and Their

Significance for the West, New York: Simon & Schuster, 1969, c1966.

Rupp, George

Beyond Existentialism and Zen: Religion in a Pluralistic World, New York: Oxford University Press, 1979.

Sayama, Mike K.

Samadhi: Self Development in Zen, Swordsmanship, and Psychotherapy, New York: State University of New York Press, 1986.

Schloegl, Irmgard

The Wisdom of the Zen Masters, London: Sheldon, 1975.

Sekida, Katsuki

Zen Training: Methods and Philosophy, 1st ed., New York: Weatherhill, 1975.

Shih, Heng-ching

The Syncretism of Ch'an and Pure Land Buddhism, New York: Peter Lang, 1992.

Stryk, Lucien

The Awakened Self: Encounters with Zen, New York: Kodansha International, 1995.

Encounter with Zen: Writings on Poetry and Zen, Chicago: Swallow Press; Athens: Ohio University Press, 1981.

Suzuki, Daisetz T.

An Introduction to Zen Buddhism, edited by Christmas Humphreys, London: Rider, 1983.

The Awakening of Zen, edited by Christmas Humphreys, Boulder: Prajñā Press, 1980.

Essays in Zen Buddhism (Third Series), London: Luzac, 1934.

Essays in Zen Buddhism (First Series), New York: Grove Press, 1949.

Living by Zen, Tokyo: Sanseido, 1949; edited by Christmas Humphreys, London: Rider, 1982, c1972.

Manual of Zen Buddhism, Kyoto: Eastern Buddhist Society, 1935; London: Rider, 1950.

Studies in the Lankavatara Sutra, Boulder: Prajñā Press, 1981.

What is Zen? Two Unpublished Essays and a Reprint of the First Edition of " The Essence of Buddhism", London: Buddhist Society, 1971.

Zen and Japanese culture, Princeton: Princeton University Press, 1970, c1959.

The Zen Doctrine of No-mind: The Significance of the Sūtra of Hui-neng (Wei-lang), edited by Christmas Humphreys. London: Rider, 1983, c1949.

Swanson, Paul L.

Pruning the Boddhi Tree: The Storm Over Critical Buddhism, edited with Jamie Hubbard, Honolulu: University of Hawaii Press, 1997.

Ueda, Daisuke

Zen and Science: A Treatise on Causality and Freedom, Tokyo: Risosha, 1963.

Vessie, Patricia Armstrong

Zen Buddhism: A Bibliography of Books and Articles in English, 1892-1975, Ann Arbor: University Microfilms International, 1976.

Waley, Arthur

Zen Buddhism and Its Relation to Art, London: Luzac, 1922.

Watts, Alan W.

Beat Zen, Square Zen, and Zen, San Francisco: City Lights

Books, 1959.

The Spirit of Zen: A Way of Life, Work, and Art in the Far East, New York: Grove Press, 1960, c1936.

This Is It: and Other Essays on Zen and Spiritual Experience, London: Rider, 1996, c1960.

The Way of Zen, New York: Pantheon, 1957.

Zen Buddhism: A New Outline and Introduction, London: Buddhist Society, 1947.

Welter, Albert

The Meaning of Myriad Good Deeds: A Study of Yung-ming Yen-shou and the Wan-shan t'ung-kuei chi, New York: Peter Lang, 1992.

Wood, Ernest

Zen Dictionary, New York: Penguin Books, 1977, c1957.

Wright, Dale S.

Philosophical Meditations on Zen Buddhism, Cambridge: Cambridge University Press, 1998.

Wright, John Stafford

Zen and the Christian, London: S. P. C. K., 1965.

Yamaguchi, Minoru

The Intuition of Zen and Bergson: Comparative Intellectual Approach to Zen, Reason of Divergencies between East and West, Tokyo: Enderle, 1969.

后 记

据葛兆光先生声称，这套"研究生·学术入门手册"系列丛书本来都是由"术有专攻"的学者来撰写的。然而，禅宗语言这个领域却有例外，找了我这样一个禅学和语言学都是小半罐水的人来编写。所以，自从接到这个任务以来，我便一直是诚惶诚恐，坐立不安。十年前应友人之邀写《禅宗语言》，就胆大妄为地客串了一番，而今天写这本《禅宗语言研究入门》，更是将错就错，客串的客串了。好在兆光先生和复旦大学出版社的朋友给了我足够的信任和鼓励，使我终于勉为其难地将这绠短汲深的任务进行到底。

我之所以自不量力地胆敢写这本书，乃是有感于兆光先生所言"学术方法的传递和学术薪火的延续，比什么都重要"一句话。据悉先生眼部两次动手术，视力下降，仍孜孜于学术薪火的传承，令人感动。而另一位尊敬的张隆溪教授更是率先交出一部高质量的书稿，使我大受鞭策。两位先生和丛书其他作者都有一个共同的想法：为研究生编写一部适用的教材，比自己写一本纯学术研究的著作更有价值。对此，我深有同感。

审视一个世纪以来中外的禅宗语言研究状况，思考将来研究可能拓展的空间，对于我来说也是一次重新入门。我不得不尽可能细读一些经典文本，不得不到图书馆去查阅一些久已尘封的书籍杂志，不得不去稍微了解一些现代学术的最新走向，不得不去关注国外同行的研究成果。而这一切，我在当年撰写《禅宗语言》时是做得很不够的。从这个意义上说，我要感谢复旦大学出版社能给我一次重新学习的机会。同时，正因为是重新入门，本书可能存在一些谬误和疏漏，希望读者谅解。

在四川大学中文系这个愉快的集体里，我得到写作的动力。这个禅宗语言研究的重镇，聚集了好几位"术有专攻"的学者，但大家都宽容地对我这个语言学门外汉予以支持。项楚师的一系列博大精深的著作，为我树立了一种令人景仰的学术境界，每次拜读，都获益匪浅。雷汉卿、谭伟教授在禅宗语言研究和教学方面颇有经验，慷慨惠赐大作，并提供资讯，令人感佩。而从日本学者那里，我也得到热情的帮助。当年读书会的书友衣川贤次、小川隆、土屋太祐等先生，纷纷惠寄书稿，提供日本学界研究资料，特别是衣川所赠入矢义高、柳田圣山先生年谱和著作年表以及小川所赠《禅学研究入门》等书，使我对日本禅语研究粗有了解，大大减少翻检之劳。台湾学者郑阿财教授为我借阅、复印资料，萧丽华教授邀请参加佛教文学会议，也都有助于本书的写作。需要感谢的还有我那些年轻的学生朋友，他们或查阅图书资料，或检索网络资讯，帮了我不少忙。

本书从动稿到完成，都在台湾东华大学。这个依山临海的美丽校园，不仅提供给我必要的图书资料和安静的写作环境，而且能以她奇瑰变幻的山云海浪抚慰我疲惫的心灵，激起我生命的活力，从而更努力地投入工作。客座的日子就要结束，一切让人依依不舍，我将带着感恩之心上路，权且把这本小书作为回报台湾东华大学的一份薄礼。

周裕锴
戊子岁末谨志于台湾东华大学素心村

重版说明

周裕锴教授所著《禅宗语言研究入门》，2009年由我社出版（"研究生·学术入门手册"之一）。今编入"周裕锴禅学书系"，并作若干修订，予以重版。

复旦大学出版社
2019年9月

图书在版编目(CIP)数据

禅宗语言研究入门/周裕锴著. —上海：复旦大学出版社，2019.9
(周裕锴禅学书系)
ISBN 978-7-309-14467-3

Ⅰ.①禅… Ⅱ.①周… Ⅲ.①禅宗-语言艺术-研究 Ⅳ.①B946.5

中国版本图书馆 CIP 数据核字(2019)第 144112 号

禅宗语言研究入门
周裕锴 著
责任编辑/王汝娟

复旦大学出版社有限公司出版发行
上海市国权路 579 号　邮编：200433
网址：fupnet@fudanpress.com　http://www.fudanpress.com
门市零售：86-21-65642857　团体订购：86-21-65118853
外埠邮购：86-21-65109143　出版部电话：86-21-65642845
浙江新华数码印务有限公司

开本 890×1240　1/32　印张 7　字数 160 千
2019 年 9 月第 1 版第 1 次印刷

ISBN 978-7-309-14467-3/B·705
定价：58.00 元

如有印装质量问题，请向复旦大学出版社有限公司出版部调换。
版权所有　侵权必究